新消费品牌
如何持续增长

陈陶琦 茹炯 — 著

浙江大学出版社
·杭州·

图书在版编目（CIP）数据

新消费品牌如何持续增长 / 陈陶琦，茹炯著. -- 杭州：浙江大学出版社，2022.11
ISBN 978-7-308-23003-2

Ⅰ．①新… Ⅱ．①陈… ②茹… Ⅲ．①品牌－企业管理－研究－中国 Ⅳ．①F273.2

中国版本图书馆CIP数据核字(2022)第164081号

新消费品牌如何持续增长

陈陶琦　茹　炯　著

策　　划	杭州蓝狮子文化创意股份有限公司
责任编辑	黄兆宁
责任校对	张培洁
封面设计	邵一峰
责任印制	范洪法
出版发行	浙江大学出版社
	（杭州市天目山路148号　邮政编码　310007）
	（网址：http://www.zjupress.com）
排　　版	杭州林智广告有限公司
印　　刷	杭州钱江彩色印务有限公司
开　　本	880mm×1230mm　1/32
印　　张	8.375
字　　数	165千
版 印 次	2022年11月第1版　2022年11月第1次印刷
书　　号	ISBN 978-7-308-23003-2
定　　价	69.00元

版权所有　翻印必究　　印装差错　负责调换

浙江大学出版社市场运营中心联系方式：0571-88925591；http://zjdxcbs.tmall.com

前言
Preface

增长的机遇与瓶颈

2009年初,我和某知名消费品牌的市场总监聊天,她嘴里最大的困扰就是:去年只花了一半的预算,就达到了全年的销量目标。作为一个专业的营销人,她都不知道今年该怎么花钱,该不该花钱。

我之所以对这段十几年前的对话记忆犹新,是因为在此之后,几乎再没有碰到过有消费品公司的市场部从业人员拥有如此"幸福"的烦恼。营销人每天头疼的问题都是:

1. 没有足够的预算达到销量目标；
2. 如何向决策层证明，营销预算都是花在刀刃上的。

现在想来，2009年是营销变局的开端之年。2009年10月30日，全球第一台智能手机经由联通引进中国市场。当时其看似纯粹是通信领域的一个独立事件，却使整个中国社会借由智能手机在线化程度的大幅度提升而发生了巨变。而品牌营销生态里一共有4个重要的生态玩家：品牌方、渠道、媒体、消费者。后三者都在2009年之后发生了翻天覆地的变化，变得越来越数字化、智能化和强大了。

2009年前，我的这位市场总监朋友所面对的终端渠道，大部分是以连锁超市为主的商超渠道。品牌虽然把终端渠道叫作"客户"，但和渠道的关系还是势均力敌、相互依存的。连锁超市做得更像是空间分包商，在一块地上建立一个商场，在商场里竖起无数个货架，再把货架上的空间转给品牌。商超对于光顾他们的消费者是谁、光顾频次多高、动向如何、消费习惯如何都不太清楚，在掌握这些关键数据方面的颗粒度十分粗。因此，在引进品牌时，他们更多的是凭惯性、凭感觉。而惯性和感觉都会告诉他们，还是引进强势的大品牌更靠谱。这些品牌，一来过往的销量不错，二来也有预算支持商超营销活动，或者做媒体投放。由于商超的货架有限，每年能选择引入的品牌也有限。因此，已经在合作的强势大品牌，只要过往表现不错，那就肯定能够继续保留货架空间，也能在商超的销量中分一杯羹。

2009年后,在消费渠道中还很不起眼的电商渠道,借着智能手机之潮异军突起。2010年8月,阿里巴巴上线了手机淘宝,同年双十一的广告语是:"没人上街,不一定没人逛街。"正如广告语所描述的那样,淘宝上那些爱买爱逛的用户从此开始"疯狂"地虚拟逛街。《2018中国移动互联网春季报告》显示,截至2018年3月,淘宝的每月人均使用次数达到93.4次,使用时长更是超过290分钟。也就是说,用户每天逛淘宝至少3次,每月逛淘宝的时间接近5个小时。

与传统商超渠道相比,像手机淘宝这样的电商渠道,其撒手锏不只在于支持用户随时随地逛,还在于能掌握用户的数据。电商渠道可以通过用户搜索数据了解哪些品牌更受青睐,通过用户支付转换率数据了解哪些店铺和货品更能满足用户的需求,还可以通过大数据知道用户的需求和货品供给之间存在什么蓝海。

电商渠道靠这些数据,引进合适的品牌,给消费者推荐更符合预期的店铺和商品,不仅把传统商超渠道打得不及喘息,也在和品牌的关系间占据了上风。

品牌产品和投放黑盒,被数据彻底打开了,而掌握这些数据的电商渠道,好似一个流量裁判的角色:品牌不仅要在商品端不断设计和提供满足电商消费者需求的产品,让电商渠道看到更佳的成交率;还要在投放端更加精准有效,让渠道看到因品牌而来的用户和流量,从而得到电商渠道更多自然流量的"嘉奖"。在电商渠道理论上无限的商品竞争中,品牌要高效省力地分得一杯羹，变得不那么容易。

同样吃到移动端红利，得到数据赋能的，还有媒体。和渠道一样，媒体先是发生了一波行业自迭代，甚至比渠道的迭代还要惨烈。今天我们耳熟能详的大媒体平台——抖音、小红书、微博、b站、微信朋友圈、知乎等，几乎都成立于2012年之后。它们依托于互联网，也依托于众多自媒体共创。它们没有集中的编辑部，内容创作者和内容消费者的界限是模糊的。那些依托于自有内容采编创作团队的媒体，除了有新闻采编权加身的央媒借着政治影响力还存在，其他的采取传统内容供给形式的媒体，要么破产倒闭，要么活得日益凄惨。

这些新型媒体能够用自媒体共创的形式壮大，取决于一种能力——处理海量内容分发的能力。简单来说就是，知道用户喜欢看什么，能够做到内容找人。而在这种能力背后，是这些迅速崛起的媒体共有的一个价值观：不要把用户厌恶的内容投递给他们，哪怕这个内容是品牌付费的商业广告。

对于品牌方来说，移动端的数据赋能造成的困境就是：有钱，但没有好广告内容的话，仍然投放无能，增长无能。

在媒体转型前，我们观察到的品牌方广告通常有两种：一种是品牌向的广告——一个漂亮的画面，一句简洁大气的广告语，旨在给消费者留下品牌的大概印象；另一种是现在非常热门的种草型广告——品牌的投入小，且"自说自话"。我曾经看到一个婴儿护理品牌在母婴垂直BBS（论坛）上的种草，内容完全围绕他们对一个大型IP的赞助活动，若不是拿奖品刺激，用户对内容几乎无感。而另一边在用户的自发帖中，用户正在讨论哪款护理产品好，不仅鲜有涉及该品牌的讨论，偶尔提及之处，还有用户对成分和功效的疑虑。

这样的种草做法，在目前的媒体投放环境上，是完全行不通的。这也就意味着，除非品牌把所有的预算都用来砸展示型的品牌广告，否则种草预算再多，靠生硬的内容，草也根本长不出来。"自说自话"的帖子，会被媒体当作无效内容而减少展示，产品也就得不到充分的展示。

而随着智能手机的普及，消费者每周上网的时间从2009年的18个小时提升到28个小时，通过媒体和渠道获得了最大限度的信息赋能。当消费者想要了解一款产品时，不仅能够随时通过社交媒体问朋友，查关于产品的正负面评论，而且还能在渠道购物时，查询以往消费者对商品的评价。一旦消费者在小红书、抖音等媒体被打上对内容和商品的喜好标签，还会被媒体推送他们感兴趣的内容。被信息充分赋能的消费者，越来越知道自己要什么，该如何选，到哪里买，也更能够屏蔽品牌方自嗨式的营销套路。

面对渠道、媒体和消费者的三重升级，品牌方备受压力，但也不至于一筹莫展。我们看到很多本土品牌方做出了不同的选择。

有的品牌选择切出一条细分的赛道，试图通过简单划一的电梯广告等形式创造需求，占据细分品类消费者的心智。那些从电商站内成长起来的品牌，例如三只松鼠，则专注于研究电商站内的搜索词和竞争环境，以更快、更低价的方式供给消费者产品。

还有的品牌索性专攻 KOL（Key Opinion Leader，关键意见领袖），这几年我们看到的靠和淘宝头部 KOL 绑定而起来的品牌不在少数，例如华熙生物旗下的润百颜和某位淘宝头部网红绑定合作成功后，又用另一个品牌夸迪频频上李佳琦直播。

相对而言，海外品牌的选择更正统些：建 DMP（Data Management Platform，数据管理平台）、CDP（Customer Data Platform，消费者数据管理平台）等数据中台，试图提升自身的数据力，以便与其他 3 个生态伙伴抗衡。

以上的种种做法，都是必需的应时之变，我们在提供了多年服务和见证无数个品牌盛衰之后，最深的感触是：品牌应势而变能够活下来，吃透科学增长之道才能活得好。

品牌要想在日益强大的渠道、媒体和消费者这三者的生态博弈中重新获得话语权，必须建立一套自成体系的科学增长方法。在本书中，众引传播合伙人陈陶琦带领几位同事用浅显易懂的语言，结合 20 多年的实践经验，用十几万字总结出了我们眼中行之有效的科学增长之道，包括：

第一步，通过数据看懂千人千面的消费者需求；

第二步，读懂媒体和渠道的推荐逻辑；

第三步，结合以上认知，生产符合品牌理念、符合消费者需求、被媒体和渠道所推荐的产品和内容。

以上 3 步，谈不上有多高深，却需要在实践中有体系地操练、复盘和优化,才能铸造符合科技进步之势的"数字智能"品牌。我们也希望把这本书作为我们总结复盘的起点,通过和读者们的交流,无论是在理论层面还是在落地层面,都能对科学增长的体系进行进一步打磨,帮助品牌在营销生态里重新掌握话语权。

目 录

Contents

第一章　新增长逻辑 —— 001

增长逻辑的改变　/ 004

重新定义增长　/ 005

投放的 3 种思维层次　/ 014

影响投放产出的五大因素　/ 019

第二章　人群策略 —— 033

促进品牌增长的 3 类人群　/ 037

制定目标人群策略的步骤　/ 047

第三章　品牌策略 — 067

制定品类策略的 3 个阶段　/ 071

增长策略的核心：人货匹配　/ 091

第四章　精准试错 — 097

数字时代的传播投放　/ 100

社交投放的成果和目标　/ 116

社交媒体时代的增长方法　/ 122

第五章　ATOM 增长模型 — 129

假设（assumption）　/ 131

测试（test）　/ 140

优化（optimization）　/ 155

放大（magnify）　/ 162

第六章　闭环营销　　167

多平台全链路营销闭环 / 170

单一生态的闭环运营 / 179

流量外逃与护城河打造 / 194

第七章　资源布局　　203

对外看——钱要投到哪些平台和触点 / 206

对内看——不同品类和产品如何投放 / 229

全链路投放的竞争博弈 / 241

第一章

新增长逻辑

随着电商平台和社交媒体的迅速发展，中国新消费品牌的崛起正在形成浪潮。和过去不同的是，今天的新消费品牌，在品类创新和产品创新的基础上，高度运用数字营销手段，绕开传统品牌深耕多年的线下渠道和传统媒体壁垒，直达消费者，实现快速起盘。从早年的淘宝京东、前几年的微博微信，到近年的小红书抖音、未来可期的知乎B站，虽然不同平台的流量红利期不同，但几乎每一个进入流量红利期的平台，都能大规模孕育出一批新消费品牌。数字营销已成为许多新消费品牌起步的利器，新消费品牌抓住平台流量红利实现原始销售增长，从而完成从0到1的跨越。

但在完成了从0到1阶段的快速启动之后，很多品牌都呈现出增长疲态——平台整体流量红利下降，竞争对手的紧密跟进推高了流量价格，新客获取越来越难，高投资回报率（ROI）的流量规模有限、难以放量，从精准投放到更广泛投放也致使ROI急剧下降。

如此一来，增长的压力如大山一般横亘在品牌眼前，投资人也不会出于种种客观原因而变得宽容，既有的增长逻辑开始失效。所有人都在问同样的问题：如何有效调整增长思维和方法？品牌又应当如何运用流量进行投放，从而获得持续的增长呢？

增长逻辑的改变

新消费品牌从0到1阶段的增长，基本是靠两个核心因素驱动。

（1）流量红利

许多新消费品牌的起盘，往往都和一个快速增长的流量平台相关，这也是我们常说的"平台红利期"。当年的淘宝天猫，孕育了一批"淘品牌"；微博微信的快速增长，也成为一批品牌启动的主战场，再到后来的小红书、抖音……嗅觉敏锐一点、行动敏捷一点、操作精细一点、投入大胆一点，基本就能抓住短暂的红利期，完成从0到1的启动。

（2）市场红利

市场红利是指切入一个正在快速增长中的赛道。在这样的赛道下，竞争的程度不是特别激烈，因为入局的品牌都在抓增量。比如伴随这些年代餐、奶茶、宠物等品类以及国风、无糖、无尺码等潮流的兴起，一些嗅觉敏锐的品牌往往会率先切入，同时享受更大的红利。

品牌抓住流量红利和市场红利完成从0到1的启动，这种增长路径本质上是在增量池中获取增长。但在经过这个阶段之后，随之而来的一定是流量红利的递减和品类增速的放缓，以及流量内卷的加剧和赛道的日益拥挤。此时的品牌如果要突破瓶颈，完成从 1 到 10 的增长模式转变，就必须思考和学习如何在存量池中获得增长。

一方面，品牌要有能力在流量红利消失、流量成本越来越贵的情况下，还能拥有比别人更高的产出，这就要求品牌必须重新思考营销资源的布局。

另一方面，我们也必须思考品类、产品开发的布局：如何在从 0 到 1 的基础上，进一步拓展品类布局，优化产品结构，寻找更大的市场规模，占领更大的市场份额，获得更高的用户产出。

所以，新消费品牌要获得持续的增长，就必须理解这种增长逻辑的转变，以此来调整自己下一阶段的增长思维和方法。

重新定义增长

许多企业在谈论增长时，往往聚焦在业绩指标上——消费品牌谈销售收入，互联网企业谈注册用户、活跃用户等等。所以，在制定适宜的增长路径之前，我们有必要真正理解什么是品牌的增长。

针对这个问题，我们可以首先思考一下品牌的终极目标。

（1）增长双 KPI（Key Performance Indicator，关键绩效指标）

众引传播对消费品牌的增长定义由两个 KPI 构成：销售收入

和品牌资产。销售收入很容易理解，但品牌资产却是一个抽象的概念。品牌资产可以是品牌的知名度，也可以是消费者的偏好度、忠诚度、推荐度，具体表现为消费者的指名购买、品牌溢价、品牌美誉等等，因此品牌资产是企业最重要的无形资产。

如果我们把做品牌比喻成投资股票，那么，销售收入就是股票的当期分红和累积收益；而品牌资产则是股票的估值，不仅包含本金积累，更代表了资本市场对未来收益的预期。有些公司的股票即使没有盈利和分红，股价也依然很高，比如特斯拉。这是因为市场对特斯拉品牌资产的高度认可，为其带来了未来收益的预期。

所以，从打造品牌的终极目标来看，品牌增长不仅要创造销售收入，更要有品牌资产的持续增长，创造未来持续的品牌期望收益。

（2）以用户为纽带

品牌资产是一项特别的资产，我们又称之为第三方资产。它虽然是由企业打造和经营，却不能被企业完全自主拥有。别的资产都可以用某种看得见摸得着的形式——比如锁到保险柜里、存到银行——进行清晰的盘点，但品牌资产即便价值再高，也存在于消费者心智中，消费者对你的看法与想法决定了品牌资产的价值高低。

我们都知道销售收入源自消费者的购买行为，而消费者在产生购买行为之前,通常已先在心智中形成了品牌资产。品牌通过影响消费者的心智,进而带来相关行为的产生,让消费者完成关注、搜索、收藏、购买等一系列行为,最终为品牌带来销售收入。

因此我们说用户是品牌资产和销售收入之间的核心纽带,如图 1-1 所示。

品牌资产存在于用户心智,用户心智影响用户行为。用户行为带来销售收入

图 1-1　增长双 KPI 的关系——以用户为纽带

简单来说,消费者就是你进行品牌投资的银行。消费者的心智是你的品牌账户,消费者的行为就是提取收益的提款机。一方面,你要从账户中不断获得收益和分红;但另一方面,你也必须不断投资于该账户,让账户的本金增值、估值提升。

因此,用户才是存储品牌资产并带来销售收入的核心。而品牌的增长策略,也应当首先以用户为核心。

(3)品牌增长是双 KPI 的同步增长

很多新品牌都做过达人直播带货。如果被李佳琦这样的头部达人选上了，会带来销售收入和品牌资产的同步增长吗？

关于销售收入，答案当然是肯定的。根据2021年双十一的淘宝主播销售榜显示，平台排名前两位的超级主播在预售直播首日联手创造近200亿元的销售额，这一数据跑赢了超过4000家上市公司全年的营收。

但品牌资产会同步增长吗？答案是：不一定。

举个例子，有同事在某头部主播直播间买了台家用健身器材，可以边看电视边健身，使用体验不错，价格也不贵。后来被问到健身器材是什么牌子时，她有点蒙，想了一下说不知道。这就是赤裸裸的现实，头部主播们通过无数"品牌"的销售收入的叠加，打造出了自己的"品牌"。他们的用户心智越强，转化就越高，从而不断转化成销量，又不断积累着品牌资产。所以在消费者的口中，他们买到的产品最终都变成了"李佳琦牌"。

当然，后来很多企业也意识到了这个问题。在上了头部达人直播后，他们会利用类似"李佳琦直播间推荐"这样的广告文案背书，通过自己的店铺和广告，进一步宣传自己的品牌。

所以，在和头部达人的合作过程中，我们需要争取在直播中展示自己独特的品牌信息，不仅让达人带货，更要带出自己的品牌信息，影响用户心智，积累品牌资产。

在家电行业快速爆发的年代，国美和苏宁作为大渠道，对品牌具有极强的议价能力，绝大多数品牌进入这样的家电大卖场必须承诺最低价，此外还需要支付各种营销费用。当时有很多规模较小的家电品牌,认为只要进入国美和苏宁这样的渠道,就一定会有销量保障。但到最后却发现,最终的赢家是国美和苏宁。因为消费者会认为,买家电就去国美和苏宁,而很多家电品牌却并未真正占领消费者的心智。

没有销售收入的品牌资产无异于空中楼阁,而缺少品牌资产的销售收入不过是昙花一现。只有当品牌资产足够强大时,销售收入才能真正由品牌自己主导,这是一个相辅相成的过程。

在对增长的定义有了更清晰的认知之后,我们又必须重新认识流量和投放——企业制定增长路径绕不开的两个环节。

首先,我们来谈谈流量。流量是因用户心智而产生的到访行为。

平台的流量就是消费者的行为。消费者打开淘宝,淘宝产生流量,打开小红书,小红书产生流量。再上溯一层,消费者的行为是从哪里来的?你在打开平台买东西之前,是先想到淘宝还是先想到京东?你晚上无聊想刷视频的时候,是先想到抖音还是快手?为什么00后对于社交软件更多选择的是QQ而不是微信?这些都是心智引发的行为。

所有的流量都是因心智而起,因此不要把流量看成冷冰冰的数字。流量的背后都有消费者的想法,然后因为这个想法,消费者的注意力到访了各大平台。所以流量的本质就是注意力,无法形成注意力到访的流量不是有效流量。

值得一提的是,对品牌而言,流量的质量有高低。流量质量的高低取决于以下3点。

目标人群的匹配程度

到访的注意力有多少是你的目标客群？品牌千万不要去目标客群不对的地方进行投放，否则只会是浪费。通过目标客群来选择投放的媒介平台，能大大提高投放效率。

注意力的聚焦程度

如果消费者能够同时看到多个营销内容，那么分配到每个内容上的注意力就被稀释了。不难想象，一个充满各种广告横幅的网页，实际上每个广告都没有获得足够关注。在电梯里，我们经常看到梯媒龙头——分众传媒的广告屏幕，显著，甚至附带声效。这时，电梯里受众的注意力是相对聚焦的，但对于"低头族"来说，智能手机上的APP显然也在和分众争夺流量，分众广告的注意力因而被分散了。

注意力的相关性程度

注意力的相关性是指受众实际看到的内容与其内心真正想看的内容的相关程度。一般来讲，受众注意力的到访不是为了看广告，而是为了看新闻/刷博客/看视频/追剧等。所以广告即使曝光在消费者眼前，也容易被他们下意识地忽略，因为这并非受众所需，所以他们的大脑启动了防御机制，免除了对这一部分的信息处理。你不妨想一下：在每天的在线浏览中，有多少广告被你的防御机制挡在了意识之外？你甚至都没有意识到广告的存在。但是，受众在面对想看的内容时，则会自然而然地聚焦注意力，内容进入心智的路径也就畅通无阻。

在这种情况下，品牌能够在多大程度上利用流量的相关性，就能够在多大程度上达成注意力的转移。2012年底，广告行业提出了一种新的在线广告形式——原生广告（native advertising），即将广告无缝嵌入用户所浏览的内容，无论是形式上还是功能上，都更加符合嵌入的上下文内容。相比展示在独立预定位置、不和上下文搭配的传统条幅或插屏广告，因为原生广告和上下文内容有更好的相关性与一致性，所以有更好的受众体验，从而更容易形成用户的注意力转移。

在传统媒体时代中，受众很难跳脱广告的包围，因为它就在你的视野里，显著的大字能吸引你的注意力；但是在今天的数字营销时代，消费者可以选择跳过或者不看。所以原生广告是帮助品牌夺回消费者注意力的重要方式。对投放的理解，可以拆开成"投""放"二字，投——**在特定流量渠道**，放——**向用户展示信息**。

这里包含了两个策略：媒介/触点策略（投）和内容策略（放）。投放的目标，应该是先引起目标用户的注意力到访，从而引起心智改变，再引发行为的加深，最终帮助品牌达成销售收入和品牌资产的双KPI增长。

举个例子，如果我们为一家商业街的玩具店做广告，那么就要考虑两个问题：在哪里"投"（媒介/触点策略）和"放"什么（内容策略）。

在"投"的问题上，目标用户的注意力就是流量。如果你选择在自己的门口/门头上做广告，那么这条路上经过的人数是基本的人流量，但是需要区分其中有效的部分。在不同的路上，店面的注意力相关性是不一样的，这就是为什么咖啡店要开在办公楼下和购物的地方，因为它和这些地方的目标消费群体的注意力更相关。如果我们是一家儿童玩具店，那么目标受众就是孩子和家长。有效流量的基数取决于你的店铺/产品能被多少孩子和家长看到和注意到。儿童玩具的特点是，使用者是儿童，付费者是家长，二者不一致，因此需要整体考量。比如，有过线下零售经验的人会知道，儿童食品和玩具的货架设计是有讲究的。货架设计应该取决于孩子的身高，而非家长的身高。因为只有能被看到才会激发有效流量。

其次就是"放"的策略。如果是门头广告，首先是吸引注意力的转移，而这个时间窗口非常短暂。人们逛街时，不会在每家店门口做长时间的停留和研究，可能也就路过门店的那几秒钟，门店需要在这短短的几秒钟内去吸引他们的注意力。今天的线上广告更是如此，以抖音为例，虽然现在抖音是全屏展示的，但是用户可以很快划走视频，品牌可能只有一秒钟的时间去吸引用户。注意力转移是第一步，接下去就是通过内容影响目标受众的心智和行为。你要吸引合适的进店人群，让他们有兴趣进店，并形成合理的进店预期。一方面，合适的进店人群很重要，如果我们只考核进店的人数，负责的同事可能会把各种人拉进店来，非目标人群的进店，占用了拉新的成本，挤占了店内服务的人力资源，又没有形成转化，因此这是无效或者说低效的流量。另一方面，合理的进店预期也非常重要。如果顾客是被你"骗"进店来的，他一旦发现你无法满足他的期望，就会离开，客源也就流失了。

如果将门店的门面广告设计也理解为"投放"的一个广告，那么：应该如何评价这个门面广告是否有效呢，是根据进店人数还是进店购买的客户数？以及应该如何评价这个门面广告带来的产出，是比较投放前后的进店人数和购买金额的差异吗？

评估投放，有两个最核心的指标：**ROI 和投放消耗**。通过 ROI 的相关数据分析，我们可以看到单位投放成本所带来的用户行为链路上的注意力、心智和购买行为等投放效果的变化程度。而投放消耗评估的则是品牌触达的用户规模，是投放效率的直接体现。在一定 ROI 的基础上，能够实现更大的投放消耗，就意味着品牌能够对更多用户实现有效的影响和转化，如图 1-2 所示。

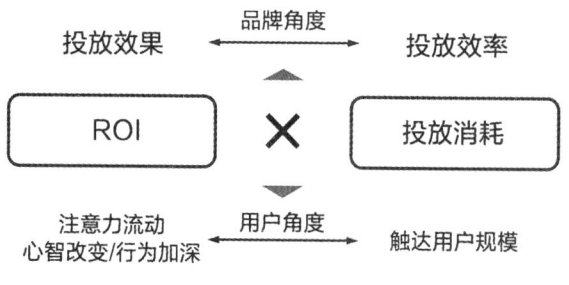

图1-2 投放两大核心指标

投放的3种思维层次

品牌在投放问题上通常有3种思维层次：捡钱思维、挣钱思维和经营思维，如图1-3所示。

图1-3 品牌投放的3种思维层次

（1）捡钱思维

巴菲特投资逻辑最早的阶段叫"捡烟蒂"，也就是挑便宜的好公司来投资，我们把这种思维称为"捡钱思维"。在投放中，就是看看哪里有流量红利，哪些机会是别人还没看到的，哪些"便宜"是别人还没捡去的。这种思维的核心，是不断寻找更低的流量成本。但事实上，平台的红利期越来越短，规模化的红利最终都将被平台收入囊中。从长远发展的角度看，品牌无法依靠短期红利。

（2）挣钱思维

第二种思维我们称之为"挣钱思维"，也就是凭本事挣钱。在投放流量成本相同的情况下，品牌投出更高的ROI，就是一种本事，它能体现品牌在同样成本下的流量利用效率和能力。这种能力也是今天很多品牌关注的焦点，但这种盯着即时ROI的思维依然无法给品牌带来持续的增长，因为流量趋势和平台算法总是难以捉摸，局部、短期的投放ROI总是表现得忽高忽低，并且随着投放规模的增长呈现边际效益递减的状态。

（3）经营思维

所谓的"经营思维"，是要制定品牌短、中、长期的投资策略组合。其本质是从更全局、更长远的视角来看待和提升投资回报。有些钱投下去，是马上能赚回来的；有些钱投下去，是要等下一次大促才能赚回来的；而有些钱投下去，会变成长期的品牌价值，是在未来融资甚至IPO（首次公开募股）的估值中赚回来的。

- 短期回报，比如投放后短时间内的点击、点赞、收藏、搜索、购买等数据的增长。
- 中期回报，比如在平销期的传播蓄水，到大促期间进行的收割。在平销期进行广告投放，让用户先认知品牌和产品，同时通过数据找到那些看过、点过、搜过甚至已经收藏、加购的用户。到大促期间，对这些深度兴趣用户再次进行沟通，最终促成购买、转化销售。因此，大促期间成交的交易总额（GMV），不仅仅是当下投放带来的回报，也是前期投放的一种中期回报。

- 长期回报，则更多与消费者的心智认知有关，比如建立消费者对品牌的长期认可，加深消费者心智中的品牌护城河深度（即不可或缺性、不可取代性）。这种回报会以转化率、忠诚度、溢价能力等方式，体现在品牌未来的每一次成交中，最终反映在品牌价值和资本市场的估值上。

投资策略组合意味着全局思维。许多新消费品牌总是关注如何提高成交环节的 ROI，如何提升即时的流量获取和投放产出能力。但是只有从全局看待投放，才能看到长期、持久的 ROI 提升。具有长期竞争力的增长模式应该能够容忍较低的局部 KPI（尤其是需要依赖对外资源投入的环节），但这样才有可能获得整体较高的 ROI。在平台流量成本、内容曝光效率、电商搜索跳转等这些较多依赖外部资源获取的环节上，投放 ROI 往往会受到平台政策、竞争强度等因素影响，很难形成持续性的竞争优势，品牌应当接受这部分 KPI 较低或处于平均水平的投放环节。而在内容和商品吸引力、品牌溢价、用户复购、连带购买和口碑推荐等环节，则更多取决于品牌自身的产品和营销能力，品牌完全有机会在这些环节进行持续优化，形成马太效应，进而在全链路、长周期的整体投放ROI上形成更高的投资回报和更快的增长速度。

我们以零食品类来进行举例：如果有A、B两个品牌：A品牌的毛利和复购优于B，但投放拉新能力较弱，而B品牌恰恰相反。这种情况下，即便A品牌的拉新获客成本比B品牌高出不少，可能仍然是A品牌更有竞争力，因为其全链路的ROI更优。简单来说，B品牌的单个用户获取成本更低，但这种优势是一次性的，并且会受到平台等外部因素影响，所以这种优势往往是不稳定的，很难形成长期的明显优势。同时因为B品牌毛利较低，通过新用户第一单赚的钱未必比A品牌更多，再加上复购较低的因素，未来从每个用户身上赚的钱就更比A品牌要少。而A品牌在每个用户身上能赚更多的钱，这种优势是持续性的，周期越长，优势越明显，尽管A品牌在用户拉新上花了更多的钱，但因为毛利更高，赚钱未必比B品牌少。就算首单转化可能是亏损的，但凭借更高的复购率，未来也能赚回来，并且时间越久就赚得更多。同时，因为能在单个用户身上赚到更多的利润，A品牌就有能力在拉新投放中出更高的价格，但是这时B品牌可能就出不起价、投不出规模了。

对于不同的品类，能够帮助品牌形成竞争优势马太效应的环节是不同的，这主要取决于品类用户的购买行为模式。比如，对于某些高关心度品类（比如汽车、家电等大件商品），用户单次购买的金额高，决策十分谨慎，我们就需要对用户建立良好的品牌口碑，进行多次反复的触达，才有可能达成最终的成交。而对于另一些品类（比如零食、日化等快消产品），用户单次购买的金额低、决策快，虽然有机会快速实现获客拉新，但更需要通过反复触达和老客运营，来提升客户的复购和整体贡献。

巴菲特在投资迪士尼的时候，问了投资者一句话：如果有一天米老鼠、唐老鸭这些人物甚至迪士尼的城堡从美国人的生活里消失，你觉得美国人愿意花多少钱把它买回来？按照这个逻辑计算，巴菲特大量买入了当时股价还很低的迪士尼股票，因为他认为迪士尼真正的价值在消费者心里。

让消费者觉得品牌在自己的生活里是有价值的，甚至是不可或缺的，这是品牌创业者需要具备的投放思维。相比这一点，追逐流量红利、提升投放能力反而是次要的。我们可以想一想，有哪些品牌是这样的——即使投放能力很差（甚至很少做投放），销售收入和品牌资产也依然不断增长？茅台酒是不是就是这样？

综上，品牌真正应该思考的不是流量痛点和投放问题，而是背后的增长问题。先有增长策略，后有投放策略。增长策略解决的是卖给谁、卖什么（商品）、如何卖（卖点、价格）以及消费者为什么要买、怎么买的问题；投放策略解决的是应选择什么平台进行营销（找到目标人群）、说什么、什么时候说、怎么说、说几次的问题。

当一个产品以不同的卖点呈现在消费者面前的时候，它就是截然不同的产品。比如啤酒，你可以把它当成一个解渴的饮料，你也可以把它当成一个社交的载体，这是由产品的多重属性决定的。想清楚了这一层，你才能明晰自己的增长策略。增长策略想清楚了,你就会发现投放策略很容易做,然后交给投放团队去执行,让团队不断优化,就能越做越好。投放团队整天在做投放,他们在这个方面的敏锐度和执行力,一定会比企业的创始人、老板要来得强。投放不是为成交环节服务,而是为增长服务。我们需要用有效的投放来支持增长策略的达成。

影响投放产出的五大因素

从品牌增长的全局视角和经营思维,众引传播将影响品牌投放产出的因素总结成以下 5 个方面:**流量规模、投放转化、销售转化、运营产出和策略一致性**,如图 1-4 所示。

图1-4 影响投放产出的五大因素

- 流量规模：品牌所能触达的受众人数和人次的规模；
- 投放转化：对触达受众形成心智改变和行为加深的比例；
- 销售转化：用户的兴趣行为转化为最终成交的比例；
- 运营产出：每个购买用户带来的总体贡献，包括购买频次和客单；
- 策略一致性：前4个环节的整体一致性、协同性。

通过表1-1，我们可以理解投放产出五大因素的定义和评估维度。同时，品牌还可以依据该表，对自己企业、品牌的投放产出能力做出基本的定性评估。

我们依然可以用前面玩具店门头广告的例子来帮助理解这五大因素。

- 流量规模，就是店面门口经过的人流量，其中相关的、合适的客流是有效流量；
- 投放转化，就是门面广告的吸引力，能把多少人吸引到店里来；
- 销售转化，就是进店人流里，能买东西的人数；
- 运营产出，就是客户人均买多少价值的东西、未

第一章　新增长逻辑 / 021

表1-1　投放产出五大因素自我评估

因素	评估维度	描述说明	自评
流量规模	渠道心智·红利获取能力	具备把握平台、渠道流量红利的嗅觉，获取免费低价大规模流量的能力	
	品牌心智·自然流量获取能力	品牌在品类和目标用户中的提示前知名度，可表现为自然流量和指名购买	
传播因素	即时转化能力	对比同品类竞品，在投放环节短期成交转化和行为污转化的能力（即时追踪）	
	放量复投能力	对比同品类竞品，进行重定向复投，进行中长期后续收割转化的能力	
销售因素	产品力	对比同品类竞品的产品竞争力，即同价格促销因素下的转化率	
	价格力	在同品类竞品中的价格竞争力，优惠和促销力度	
	推销力	终端的推销能力（比如线下店员的人员销售力，电商客服的销售能力）	
运营因素	商品溢价能力	卖更贵——对比同类竞品的单品毛利水平	
	连带销售能力	卖更多——对比同类产品丰富程度，及推进同品类跨品类连带销售的能力	
	客户留存能力	卖更久——对新客复购、对老客忠诚的维护运营能力	
策略一致性	策略跑通·打法统一性	有清晰的针对不同细分人群的"人—货—场"组合策略，营销链路上的各个团队（传播投放、客服售后）都能完全清楚明确	
	内容贯通·故事统一性	在广告曝光、社交内容、销售运营、客服运营方面，有清晰的内容信息体系规划，对一个用户从始终讲一个完整的故事	
	链路打通·顾客闭环	从首次曝光、进店销售、老客复购到流失捞回，每个团队对每个用户都知道上个环节从哪里来（input输入），下个环节到哪里去（output输出）	

来还会来买几次；

- 策略一致性，就是前4个环节在目标人群定位和内容上是否保持策略一致。

接下来我们一一来分析这五大因素。

（1）因素一：流量规模

流量是消费者心智带来的注意力到访行为，因此流量规模是由两种心智因素所决定的：**渠道心智**和**品牌心智**，如图1-5所示。

渠道心智指的是品牌的红利获取能力，即把握各大平台、渠道流量红利的嗅觉，获取免费、低价、大规模流量的能力。对消费者而言就是去哪里看到或买到你的产品。以线下为例，就是街上人流量汇聚的地方，比如商业中心、商业街等；以线上为例，就是小红书、抖音、天猫、头部主播直播间等，消费者会来这里逛，但其搜索和购买并没有预设特定品牌。品牌心智指的是品牌自然流量获取的能力，也就是品牌在消费者心中预留的知名度和受喜爱度。消费者径直在各大平台上搜你的品牌或产品，就是品牌心智的体现。

渠道心智 × 品牌心智

去哪里看/买？　　去看/买什么?有兴趣吗？
街上人流量　　　自然进店率

图1-5　影响流量规模的两大心智因素

对于品牌方，**流量的综合成本与渠道心智成正比，与品牌心智成反比**。当消费者在购买某品类产品时，总是先想到某个平台、某个主播，那就说明渠道心智更强。这种情况下，品牌就只能花钱去平台投广告、买搜索或者与主播进行合作，流量获取的综合成本就会更高。反之，如果有更多消费者主动想要去找某个品牌，产生"指名购买"，该品牌就有着很强的品牌心智，品牌就可以获得大量的免费流量，即使去平台投广告、买搜索或者与主播进行合作，转化率也会更高，同时能够争取到的合作费用也会更低，甚至免费。

把渠道心智做大，才有机会把品牌做大，最后才有机会去跟渠道心智博弈。

一般来讲，顶级流量明星的流量、平台的流量都强于品牌的流量，所以作为新品牌，我们不得不屈服于平台与顶流。但是同时我们也要有卧薪尝胆的心态，作为一个新品牌，消费者不知道我，我没办法，所以只能上天猫、上抖音，忍受着昂贵的流量费用和苛刻的要求。但相信我的品牌资产终会起来，终将具备强大的品牌力，终能达到不需要平台及顶流带流量，也能有自然流量的地步。

以起步阶段的完美日记为例，其主要在两个营销环节做得比较出色：一个是社交种草，一个是私域运营。新品上市阶段，其通过以小红书为主的社交平台进行阶段性种草，并且在后续的大促中进行销量收割。然后通过大促做出来的流量和销量，将用户导入私域，再通过复购、连带、推荐等，持续创造运营产出。从流量的角度来理解私域运营，其实也是品牌在对渠道流量进行投放，并不断把它转换成品牌流量。

（2）因素二：投放转化

投放转化指的是传播投放的转化能力。之前讲到，ROI和投放消耗分别影响到了投产效果和投放效率。我们在评估投放转化时，同样是从这两个维度进行考量。

在效果上，线上投放有时候会看两个指标，一个叫**点击率**（CTR，Click Through Rate），另一个叫**独立访客成本**（CPUV，Cost Per Unique Visitor），如图1-6所示。消费者看了一个线上广告，点击之后进到下一个环节的比例，就是点击转化率。我们也可以反过来，看品牌希望消费者最终访问的那个环节，获得一个独立用户访问要花多少钱，这就是独立访客成本。比如，我们在做电商站外投放时，经常将其带来的店铺访问的CPUV作为站外投放考核的主要ROI。当然，到了站内，我们还需要进一步追踪一个独立访问最终能贡献多少GMV，这就是UV价值。CPUV是品牌获取一个访客要花费的平均成本，而UV价值则是获得一个访客能带来的平均产出，两者共同构成了拉新获客的ROI。

效 果 × 效 率
点击率/独立访客成本　　放量/复投

图1-6　投放转化的两大核心因素

投放效果是拉新获客的投入产出比，而投放效率则能触达受众的规模。在投放效率上，我们需要通过放量和复投提升整体的投产规模。复投，即重复触达潜在客户，对于提升转化尤其重要。消费者没有做到即时购买的原因有很多，比如营销角度打动力弱、信息太多忽略了、尚未下定决心等等，所以需要针对特定潜在用户进行复投。复投对于很多品牌来说是缺失的，尤其是在某些品类中，品牌如果只投放一次，对消费者来说其实远远不够。而且品牌对看过、搜过、收藏过的消费者，讲的内容也是可以有针对性地进行设计。

比如，用户想要购买一台小家电，可能会先到电商或者社交平台进行搜索，此时品牌通过展示广告或内容对用户进行触达，目标是引起用户的注意，投放内容应当聚焦于用户需求痛点。当用户点击看过品牌的广告或内容，品牌还可以通过数据工具对这些人进行再次触达，以强化品牌认知。而用户如果产生了对品牌的主动搜索、产品的加购收藏，品牌就应该对该用户传达更加深入的内容，强化信任、推动决策，这些内容可以是品牌的质量背书、产品的售后保障、其他用户的口碑等等。到了大促期间，品牌就对用户传达促销优惠信息，促成最终购买的临门一脚。

当然，这种消费模式的产生也有平台的原因。经过平台大促一次次的引导，很多消费者都形成一个观念：如果不急着买，就等到双十一买。由于这种习惯的存在，品牌应当注重平销期与大促期的投放结合，做到对人群的触达、蓄水、复投和收割。另外，如果品牌在双十一等大促之前没有提前做种草和预售，到大促期间是很难买到流量的。因为各家品牌在七八月份都在抢流量，如果你的品牌这时没有把事情做好，没有提前做一些人群蓄水，你的品牌到了11月都不知道要向谁做投放。到了双十一，品牌就根本买不到流量，因为这个时候消费者不会有心思来看新产品，他们都在算购物车里面的众多商品怎么组合最划算。因此，对于品牌来说，大促的开始其实就是结束，因为商战在大促开启之前就已经结束，胜负已分。

（3）因素三：销售转化

销售转化，即用户的兴趣行为转化为最终成交的比例。这一方面是指潜在客户的购买转化率，另一方面一个很重要的指标就是客单价。你的产品力、价格力和推销力，都会影响到你的销售因素的表现。

首先，关于产品力问题，必须站在用户的角度来看待。站在老板和研发人员的角度看产品，和站在用户的角度看产品，得出的结论可能是完全不一样的。笔者和贵州一些做白酒的企业有过交流，经常有老板跟笔者说他的产品品质不比茅台差。但是，我们跳出这个习惯性圈子来看，茅台的价值真的只是在于好喝吗？答案恐怕是否定的。茅台高昂而坚挺的售价中，更大一部分应该是由其社交价值构成的，品质和口感恐怕只占很小一部分。因此站在用户的角度看产品才能真正理解产品力。而用户的视角有的时候和创始人很不一样，甚至有些创始人（尤其是技术型的），会把用户不一样的视角理解成对自己品牌的误会。

其次，就是价格力和推销力。价格的竞争力可以提升转化率，但会降低客单价甚至伤害品牌价值，因此是一把需要审慎使用的双刃剑。推销力则和销售人员的销售能力息息相关，但我们需要强调的是，推销力的提升不应依赖于销售人员的个人能力，而应由品牌进行系统的设计，使之成为品牌和团队的系统能力。

（4）因素四：运营产出

运营产出是一个非常重要的因素，也常被称为消费者生命周期价值，尤其是针对一些高复购、高连带、SKU（stock keeping unit，库存量单位）较为丰富的品类。简单来讲，运营产出即指品牌在单个客户身上一年、几年能赚到多少钱，这一方面直接构成了品牌的盈利能力，另一方面也决定了该品牌在用户获取上最终能承受多少费用、能采取怎样的竞争策略。

赚钱的能力决定了花钱的实力。如果在后端的运营产出有限，那么在前端的获客投放就只能变得精打细算、小心翼翼。但是如果运营能做到极高产出的话，投放模式就会完全不一样，在拉新上就可以大刀阔斧、快速扩张。

很多消费品企业在从 0 到 1 的启动阶段往往比较重视投放获客，对运营产出因素可能相对比较忽视，这对于未来增长是一个巨大隐患。投放是为了抓住新客户，但是如果溢价和连带销售能力不足，老客持续流失，那就得不偿失。最终，这将对品牌用户获客投放的资源产生巨大影响，甚至影响到未来从 1 到 10、从 10

到 100 的增长速度和扩张效率。

（5）因素五：投放/增长策略一致性

流量规模、投放转化、销售转化、运营产出，这 4 个因素做个乘法，其实已经是投放产出的全部了。但实际上，我们还想强调一个更重要的因素——投放/增长策略一致性。它评估了前 4 个环节是不是保持高度的一致性，这在笔者看来是一个终极因素。我们经常听到人/货/场的概念，我们可以据此分解来看以下问题。

人群定位

我们首先问问自己是不是清楚以下问题：你到底是在对什么人做投放？你投放的有几类人群？你通过哪些标签来定义这些人群？你知道他们为什么买你的产品吗？

比如一个做酒的品牌，不仅要知道你的目标客群是男性还是女性、多大年龄、年收入多少，在什么样的城市级别，还要知道他们是在什么场合下喝酒，他们看重的是酒的口味，还是酒的社交属性。对人的认知是品牌增长非常重要的一个部分，我们所有的传播的起点是增长，而所有增长策略的起点是人，只有当品牌对目标客群的选择和洞察拥有清晰的认知时，才能做到更好。

人货匹配

其次，人货匹配，我们应该针对不同的人，展示货品的不同属性。笔者见过有很多人去贵州找酒厂做定制酒，但定制酒往往只适合自己家里人或者熟悉的亲朋之间喝喝，汽车的后备厢里面还是得放茅台。原因在于，定制酒没有贴茅台的商标。请想象一下：如果你某天商务宴请，招待客人说这个定制酒很好的，质量不差于茅台，你觉得客人会怎么想，想法是不是"请我吃个饭还想着省钱"？只有对人有更深入的洞察，你才能够做更好的人货匹配。

在物理属性上完全相同的一件商品，因为它的使用价值不同，它在消费者面前就是完全不同的商品。汽车对于某些人来说是代步工具，对某些人则是彰显地位的社交道具，而对另一些人还可能是个性玩具。当汽车从代步工具变成社交道具或个性玩具时，它就是完全不同的商品，这就是人货匹配的核心思想。

人货场匹配

最后，就是人货场匹配，这决定了品牌在哪个平台上主力营销，营销场景如何设计，做什么内容、用什么样的营销工具，所以说，人和货的组合决定了场。在整个投放增长策略的一致性上，不仅"策略要对"，同时也得"执行到位"。

过去的传统营销时代，并不存在一致性问题，因为过去的传播和投放是不可能千人千面的，广告片就拍一条，然后在各个电视台播放，消费者收到的都是一致的信息。但是在今天数字化的媒体环境里，投放增长策略的一致性已经成为一个最基本的要求。原因就在于消费者的触点特别多，但是品牌不可能做一条广告片放到小红书上，而是要把产品和基本信息给到小红书或者抖音上的达人，由他们按照各自的风格和定位做一条片子来宣传品牌，所以这个时候投放增长策略的一致性就变得非常重要，它能让你和竞争对手在未来拉开巨大的差距。

实战中我们会遇到两种情况,我们称之为策略性失败。一种是,营销团队的各成员有不同分工,虽然团队的每个成员都很努力,但是总会发现,一个KPI上升了,另一个就下来了。甲说新客不够,于是大量地拉新人进来,结果转化率却下来了;当转化率上去的时候,老客户的复购又下来了。就像跷跷板一样,总是摁不平。这种情况非常常见,因为投放团队总觉得复购不够,运营团队总觉得产品体验不够好,产品团队永远觉得拉新能力不够强。

另一种情况则更加悲惨,在团队成员的努力下,每个KPI都完成了,结果发现总的ROI没完成。这是为什么?因为KPI体系设置完全错了,品牌原本认为只要做到这几个点,整体上就OK了,结果公式却算错了。这个问题反映出:各KPI环节各自为政、设计过于简单,脱离了整体增长和投放策略。

以上问题的发生都是因为团队对于人货场没有一个统一且清晰的认识。因此要实现投放/增长策略的一致性,关键在于3点:策略跑通、内容贯通、链路打通。

策略跑通,就是一套打法做到底。换句话说,就是你有没有一套清晰的人货场匹配打法,从前端投放团队到后端客服团队都了然于胸——我打的就是这个人群,我对这个人群打的就是这个货品和卖点。笔者常碰到这样的情况,每个团队都有自己的认知、想法和说法,但就是策略还没在团队间跑通。所以,统一的理解是首位。其次是基于统一理解下的有力执行,将这套打法贯彻到底。

内容贯通,就是一个故事讲到底。建议老板们以消费者的身份,从站外的种草,到站内的购买,整条链路完整体验一遍,把所有看到的、听到的信息用文字记录下来,连在一起,看它是像一篇一气呵成的文章,还是支离破碎、各说各的好。如果从站外广告、站内Banner(横幅广告),到商品详情页、客服话术、售后话术,连在一起像一篇文章,就像一个人写出来的,这样的内容才叫贯通,否则消费者就会很迷茫。比如消费者经常被品牌方非常热情负责的客服人员、非常有创意的设计人员引到岔路上去,导致前后认知不一致。

链路打通,就是对一个客户盯到底。就是你知道一个客户看过你的广告,下次你还向他做广告;他把你的商品加了购物车,然后你再盯着他做,一直做到他成为你的老客户为止。如果你在整条链路上把这个人打通,那么在做复购的时候,你就会知道这个人会在什么时候买。大家可以思考:你在对这个人做转化的时候,是否知道他是加购了你的商品还是收藏了你的商品?

在策略跑通和内容贯通上,最终呈现出来的效果是:不管消费者走到链路的哪个环节,他都自始至终认识你。而链路打通的效果是:自始至终你都认识他,你每次跟他沟通的时候你都知道他是谁,他上次走到哪一步了,你这次应该跟他沟通什么信息。

对一个客户盯到底,这是数字化时代商家们有能力做到的事情。

讲完投放产出的这五大因素,大家可以回到表1-1,对自身的投入产出五大因素做个评估梳理。该表的意义在于,并不是要求品牌在所有环节都做到高分(这也是不可能的),而是帮助品牌思考自身的资源配置优化,聚焦资源投入重点。

我们可以思考一下:在这五大因素中,哪些才是我们这个行业、品类的关键环节?因为一旦和竞争对手拉开差距,是会产生马太效应的。如果在这些环节上,我们做得比别人强,那就可以持续强化,形成对手难以赶超的优势;而如果在这些环节上我们暂时落后,那可能就会成为投放和增长的失血点,需要及时弥补漏洞。

同时,我们也可以反思:哪些环节的重要性一般,行业竞争对手间很难拉开差距,所以只要做到平均水平即可。而在哪些环节上,我们有资源投入过剩的现象。有些环节,我们甚至可以接受做得差一点,要把子弹省下来,用到更关键的环节去。比如,品牌在促销资源上的投入。

外部环境因素很多时候是不受企业左右的,因此千万不要把企业的核心精力、焦点过多地放在一些容易受外部影响的因素上。而应当界定出可以形成自身关键优势的核心环节,并为之持续投入资源,以拉开竞争差距。不同的品牌在不同的地方有不同的投入,你会发现同一个品类的有些品牌就是在某一个领域里面投入特别大,这个时候我们需要判断:要不要去跟它竞争?在界定自己的竞争优势环节时,如果某个环节是整个品类的增长焦点,而你在这方面又有一定的优势,那么我们建议把这个环节进一步加强,因为这将成为你参与全面竞争的撒手锏。

第二章

人群策略

第二章　人群策略

通过第一章的分析,我们已经知道,新媒体平台和新内容形式的流量红利只能给品牌带来短期的销量增长,而获得持续不断的精准流量才是品牌得以长久增长的本质。品牌运营者必须认识到:对目标用户的精准定义、触达和影响,才是精准流量的真正来源。用户才是存储品牌资产并带来销售收入的核心。**所以品牌的增长策略,也应当首先以用户为核心,从用户出发进行规划,将用户作为品牌经营的第一视角。**

站在用户视角,品牌经营成果取决于两个核心要素:用户规模和用户贡献。

如图2-1所示,一个品牌的实际销售收入,最终是由用户的购买行为所产生的。而用户购买行为主要包含两方面:一方面是用户规模,也就是有多少人购买了品牌的产品;另一方面是用户贡献,即每个用户在其整个消费生命周期中最终为品牌贡献了多少销售额和利润。

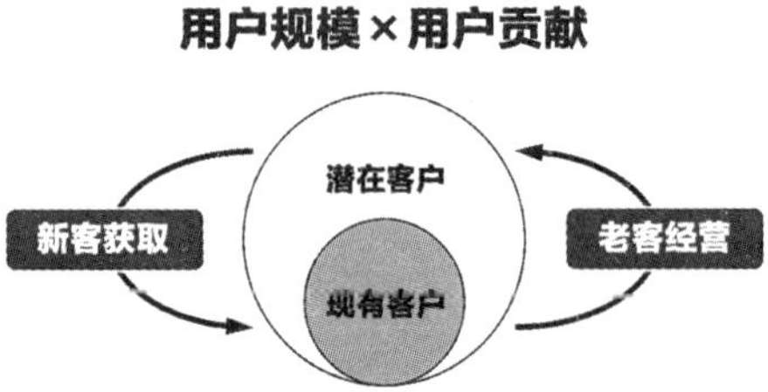

用户规模 × 用户贡献

图2-1 从用户视角看品牌经营

用户规模和用户贡献，是分析品牌经营状况的两个重要指标。看用户规模，就是看品牌的目标人群体量有多大，是否还在增长，以及品牌在目标人群中的渗透率。而用户贡献，则是看用户的客单价和忠诚度，包括支付溢价、连带销售、购买频次和消费周期，同样也包括老客的口碑传播和用户推荐。

所以，用户规模的扩大和用户贡献的提升要求企业完成两项任务：新客获取和老客经营。

新客获取的对象是潜在用户，品牌要确定哪些人群是品牌的目标人群，如何通过渠道渗透和媒体传播等手段对目标人群进行接触、沟通和转化，最终将这些潜在用户转化成品牌的用户。如果品类的人群渗透率低、品牌的市场占有率低，那么新客获取就显得更加重要。

品牌在获取新客的同时，要进行老客经营。潜在用户成了现有用户，就要考虑如何从每个用户身上获得更高的贡献产出——通过品牌建设、服务优化、产品延伸、渠道布局、私域运营等一系列手段，去经营这些用户，提升整体产出。包括提升溢价、客单、频次和连带销售，挽回流失客户，促进口碑推荐等等。通过口碑传播和用户推荐，老客经营最终又会帮助品牌获取更多的新客。

因此，品牌需要一方面通过新客获取提升用户规模，另一方面通过老客经营提升用户贡献，这样才能真正步入良性健康的增长轨道。

促进品牌增长的 3 类人群

如果我们将新、老客户进一步细分，以人群和品牌的关系作为分层的依据，则会发现**品牌的增长来自 3 类人群：现有客户、核心人群和机会人群**，如图 2-2 所示。

首先是现有客户，我们应通过老客经营来提升用户留存和运营产出。其次，针对现有客户之外的人群，我们当然要进行新客获取。但是针对这些潜在客户，我们又可以将其分成两类：核心人群和机会人群。对这两类人群，我们也应当采取不同的营销策略。接下来，我们一一来拆解针对这 3 类人群的品牌增长策略。

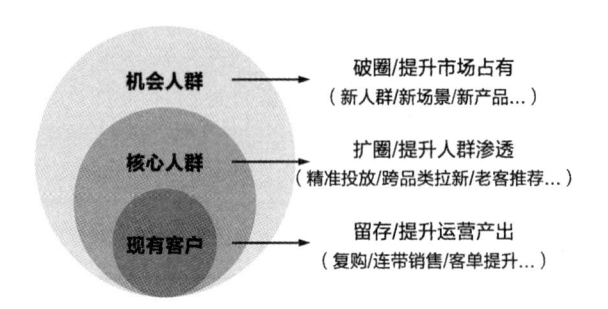

图2-2 基于人群的品牌增长逻辑

机会人群 → 破圈/提升市场占有（新人群/新场景/新产品...）
核心人群 → 扩圈/提升人群渗透（精准投放/跨品类拉新/老客推荐...）
现有客户 → 留存/提升运营产出（复购/连带销售/客单提升...）

（1）现有客户：留存/提升运营产出

现有客户是指品牌已经获得的用户规模。这些用户对品牌和产品已经有了一定程度的认可，实现了购买行为转化。针对这群用户，品牌需要做好留存，并提升运营产出。同时，要防止用户流失和竞品转化，并提升用户的贡献产出。提升用户贡献产出的因素主要有以下几个方面。

首先，是复购，也就是让现有客户持续买、买更久。由于老客户已经有了品牌认知和认同，品牌需要确立老客户对品牌的长期认可，加深品牌心智，进而使老客不断复购品牌的产品。但需要提醒的是，品牌对老客的运营成果不能只以复购率来考核。有些品牌会认为老客已经买过自己的产品，对品牌已经有了认知，不需要再投入更多的运营精力在老客户身上，只需要定期给老客户送优惠券或者商品折扣来让老客进行复购即可。诚然，这样的运营方式会给品牌带来复购率的提升，但长此以往，老客户会对品牌慢慢形成"打折依赖"的心智。最终，会有很大比例的老客户从对品牌的忠诚变成了对价格的忠诚，只在品牌打折的时候才进行购买，且非常容易因为价格问题流失。健康的老客复购运营，应当以品牌核心价值为主导，向老客强化品牌的价值主张，建立老客心智上对品牌价值的认同。

其次，是连带销售，也就是要让现有客户买更多。当品牌完成了对老客户的价值输出后，品牌可以做产品的连带销售，让老客户尝试品牌的其他产品。苹果公司就在连带销售上做得很出色，资深的果粉对苹果具有价值认同和情感认同，这让他们在苹果的各个产品线上都产生了执着的追求。关于连带销售的运营策略，核心有两点：一是针对不同货品的消费人群进行画像分析，将具有相似人群画像的货品做连带销售。比如某运动品牌发现跑步鞋和瑜伽服的购买者都是以都市中产白领为主，那就可以把瑜伽服更多推荐给买了跑步鞋的女性，再把跑步鞋推荐给买了瑜伽服的用户；而篮球鞋可能和潮流T恤拥有同一群用户，那就在这两个品类之间进行连带销售。二是围绕人群的需求和品牌的核心价值做产品矩阵的布局与延伸，使消费者在品牌的不同产品上都能产生品牌价值的认同。比如某个时装品牌，围绕用户参加都市潮流派对的需求，已建立起自信、前卫的产品风格和品牌核心价值，那么就可以在核心派对时装之外，再通过推荐同样风格前卫、表达自信的鞋包配饰、珠宝首饰等派对穿搭用品实现连带销售。

最后，是客单提升，也就是要让现有客户买更贵、花更多。

客单即客单价，是消费者每次购买品牌产品的消费额。客单价的提升并不是简单的打包销售和盲目的产品提价，更多的是品牌溢价和消费者需求满足。一方面，品牌通过品牌建设和产品优化，提升用户支付更高价格的意愿，提升品牌溢价能力。另一方面，品牌也需要在认真分析消费者需求的基础上进行产品使用场景的延伸，进而制定合理的运营和产品策略。举例来说，品牌可以针对不同的消费场景做产品的调整，例如以旅行装、送礼装、美白套装等产品形式来提升消费者的客单价。

当然，现有客户的运营产出还包括口碑传播和用户推荐等。老客户在购买使用产品之后，如果获得良好的体验，会自主或在品牌的推动下进行口碑传播，比如给予电商好评、在社交媒体发布正向内容等。这种口碑传播是品牌有价值的社交内容资产，能够让更多人知晓本品牌并产生好感，提升购买转化率，促成更多用户的最终购买，从而给品牌带来销售贡献。另一种情况是现有客户直接推荐新客户。品牌可以通过一些线上或线下的老客推荐机制设计，来促成并追踪这种情况的发生，从而直接获得老客推荐的销售线索。通常情况下，老客推荐的销售线索与其他来源的销售线索相比，往往有着更高的成交转化率。

（2）核心人群：扩圈 / 提升人群渗透

核心人群是和现有客户最为相似的人群，也是品牌增长过程中新客获取的重点目标人群。

很多新消费品牌在谈论新客获取时，往往把重点放在人群"破圈"上。比如，品牌现有的用户大多数是都市白领，就会想着如何去获取Z世代、都市蓝领等其他人群。这其实是一个误区。既然品牌的现有客户大多数是都市白领，我们就应该首先问问自己：在所有的都市白领中，有多少人已经成了我们的用户？如果这个比例还比较低的话，那品牌首先应该在和现有客户最为相似的人群中进行"扩圈"。品牌在拉新获客时，首先应该扩大在核心人群中的渗透占比，而不是先去针对其他人群进行拉新破圈。

品牌扩圈，指提升在核心人群中的渗透率，主要可以采取以下3种方法。

精准投放

品牌的现有用户提供了核心人群的用户画像，现在品牌要做的就是不断地找到和这些现有用户相似的人群进行触达。比如，现在有很多投放的平台都支持人群的智能放大功能，即品牌上传自己的用户数据，平台会进行大数据匹配，将平台中与现有客户相似的人群找出来，品牌就可以针对该人群进行精准投放，实现核心人群的渗透。

跨品类拉新

跨品类拉新指的是品牌将具有相似需求品类的目标人群转化成品牌的核心人群。举例来说，美瞳和眼妆就属于典型的可以互相跨品类拉新的两个品类赛道，因为美瞳和眼妆在功能上都能满足消费者对眼部装饰的需求。根据以往服务品牌的数据，我们可以看到，相比其他化妆品品类，美瞳消费者在眼妆购买者中占比是最高的。

因此，如果品牌有相关数据工具的话，可以把自身品牌所处类目和其他类目的关联购买数据都做一个留存和分析，建立关联地图，未来不仅在投放上可以进行人群的扩圈，还能够据此延伸出不同的消费者需求，为品牌的产品开发做好概念上的设计。

老客推荐

此外，品牌扩圈还可以通过老客推荐的形式来进行，因为核心人群和现有客户本来就是同一群人，他们往往有着相似的社交圈子、触媒习惯和内容偏好。老客推荐分为私域和公域两种形式。以私域来讲，品牌可以设置相应的老客推荐活动，例如老客拉新送礼品活动，让私域的老客帮助品牌做推荐。另一种形式是公域，品牌可以鼓励老客将品牌产品的使用体验发布到社交平台上，以社交媒体分发的形式来做推荐。比如，现在抖音平台有各种品牌挑战赛，消费者根据品牌的要求拍摄相应的内容，并发布在抖音平台上，品牌会根据视频的播放量来给消费者结算佣金，这种形式就是公域的推荐。但做公域推荐前，品牌需要想好投放的目的和内容脚本。公域不同于私域，从公域进来的消费者还没有形成对品牌产品的认知，所以针对公域人群的传播，内容形式应该以场景化演绎为主，贴近消费者的需求场景，这样才能提高消费者的转化效率。

(3) 机会人群：破圈／提升市场占有

品牌在核心人群扩圈渗透率达到一定比例后，自然会相对饱和，这时品牌就需要考虑人群的"破圈"，也就是针对与现有客户不同的新人群进行拉新获客。此时品牌首先应当选择的，是那些最具增长潜力的人群，我们称之为机会人群。机会人群，往往是行业中增速较快的人群，也可以是品牌相对渗透率较低的人群。

要想实现机会人群的破圈，首先要做好人群分析和洞察。针对这些与品牌现有客户和核心人群不同的消费者，品牌需要深入分析这些人群的特征与标签，分析他们在品牌中购买的产品品类，以及购买产品后都做了什么。品牌不仅要对相关人群有清晰的画像，更要对这些人群的需求有清晰的认知。

在对人群画像和客户需求有了清晰的认识之后，品牌需要思考如何满足他们的需求。品牌常常需要通过新产品、新场景去连接和满足新人群。新产品，可以是开发全新的产品，也可以是针对现有产品开发新的使用场景和卖点利益。新场景，指的是全新的营销场景，包括新的内容和新的触点。在如今风云变化的新媒体环境下，品牌需要始终保持对消费者的敏锐度，了解消费者行为背后的真实需求，并通过品牌的产品诉求和营销手段进行连接，这样才能真正做到有效破圈，真正满足机会人群的需求，进入他们的圈层。

接下来，我们来看一个基于人群运营的增长实战案例。

这是一个在国内市场上处于领导地位的家庭净水器品牌，其在品牌增长策略上也是按照上述3类人群来进行分析、洞察和规划的。

首先，确立品牌的核心人群。品牌在进行数据分析前，初步假设了3个核心人群：装修人群、宝妈人群和养生人群。接下来需要通过数据对这3类人群进行验证，并对其品类需求进行更深入的洞察和定义。通过电商和社交数据的分析验证之后，我们验证了前两类人群，但养生人群并没有在人群购买偏好上表现出明显的相关性。因此，我们将装修人群和宝妈人群确定为核心人群。但是，这两类人群可以说是整个净水器行业共同的目标人群，因为所有竞争对手也在针对这两类人群进行投放。如果我们也只是粗放地对这两类人群进行投放，就成了行业人群通投，效率一定会大打折扣。如果要真正做到对核心人群的精准投放和高效扩圈，就要提升目标人群流量的质量。同时，我们需要对这两类人群进行更细致的画像细分、更深入的需求洞察。

装修新家，毫无疑问是用户研究净水器品类的重要窗口期，但这些用户在选择和购买净水器时到底有着怎样的需求场景和偏好？他们与那些没有购买净水器的装修人群到底有怎样不同的需求动机？通过研究整体装修人群在相关品类购买行为数据上的差异，我们发现，购买净水器的人群，会更多地购买一些"享受生活"型的家居和家电用品，比如智能马桶、美食装备、咖啡机等等。对这群用户来说，新家更多是他们"享受生活"的私人空间，而非仅仅满足居住功能。因此,我们根据他们的核心需求动机,将这群用户重新定义为"新家享乐党",并以此来进一步细化人群标签、优化内容策略,实现精准投放和有效沟通。

那么,宝妈人群呢?在对这类人群的数据洞察中,我们有了两个核心发现。第一,在这类人群的净水器购买者中,爸爸的比例更高。因为净水器是一个需要研究功能、型号、尺寸、指标的品类,所以男性在这个品类购买中的参与度要高于女性,这个特性在京东的购买人群中比在天猫平台上的更为明显。第二,这群父母对孩子潜在的安全问题格外焦虑。和其他没有购买净水器的宝妈宝爸相比,他们还会购买其他安全性的家具,如防撞角、婴儿床软垫、楼梯和厨房口的栏杆等产品,其中安装使用家庭监控摄像头App的比例也更高。基于以上数据洞察,我们将这群用户定义为"焦虑型父母"。同时,品牌围绕这一核心人群,以暖男爸爸为标准选择了自己的品牌代言人,以守护下一代人饮水安全为主线规划了品牌的一系列传播沟通战役。比如,品牌连续3年以"守护母亲河"作为天猫超品日的创意主题,通过收集净水器滤芯上过滤下来的水中杂质,将其制作成颜料,让艺术家和孩子们用这些颜料进行创作,呈现了一场特别的"脏脏展"。

在核心人群之外,品牌又通过对用户跨品类购买行为的数据洞察,发现了两个值得进一步"破圈"的机会人群:数码达人和科学运动族。首先是数码达人,我们发现有一群净水器消费者喜欢购买各种新潮电子电器产品,如蓝牙音箱、耳机等。这类人群在京东平台上的人群浓度更高，只要出现新类型、新功能的电子产品他们都更愿意率先尝试。所以一些具有多重功能和更加智能化的净水器（如台式净水吧、立式净饮水机），对他们来说也是一种新潮的电器产品。针对这群数码达人，品牌尝试了产品横向测评等内容形式，在类似中关村在线这样的3C平台进行传播，最终在京东平台进行搜索行为的承接，取得了不错的效果。另一类人群是健康运动族，这类人群有运动偏好，在运动用品和服饰类目里，他们更倾向于购买瑜伽用品、跑步鞋等产品。从产品购买偏好上看，这类人群追求科学健康的运动而不只是把运动当成娱乐和游戏。对他们来说，安全饮水和科学运动都是健康生活方式的重要组成部分。针对这类人群，我们通过Keep这样的运动App进行跨平台拉新，让这群用户以运动捐步的方式参与"守护母亲河"行动。

在针对核心人群和机会人群的拉新获客之外，品牌也需要思考现有客户的运营产出。对于净水器品牌来说，现有客户的运营产出主要是滤芯的持续购买。该品牌一直采取非直接面对消费者（DTC，Direct to Consumer）的营销模式，而是通过分销商和服务商进行零售铺货和售后安装。因此，品牌无法准确掌握用户信息，也缺乏与现有客户的直接沟通。这将导致滤芯更换被忽视、更换不及时以及通过非正规渠道购买安装等各种问题的出现，不仅让品牌损失了销售滤芯的收入，甚至会对品牌造成负面口碑。为解决这一问题，品牌在产品外箱的显著位置设置二维码，这样一来，用户可以扫码进行预约安装，再由后台统一向服务商进行派单、核销。通过将安装预约、派单、核销的过程数字化，品牌实现了对现有客户信息的掌握，并能够根据用户的产品型号、安装时间、用水状况等，后续向用户提供精准的滤芯更换提醒、线上购买、预约换芯等服务，进而促进未来的老客推新和产品换代。

在上述案例中，该净水器品牌就是针对现有客户、核心人群和机会人群 3 类不同目标对象，通过更精准的数据洞察和更高效的数字手段，在新客获取中持续扩圈和不断破圈，在老客运营中优化口碑和提升产出。

制定目标人群策略的步骤

品牌可以通过以下 3 个步骤来制定目标人群策略：人群细分、选择定位和需求洞察，如图 2-3 所示。

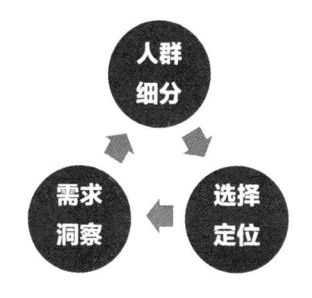

图2-3 目标人群策略制定的3个步骤

（1）人群细分：依据购买行为和消费需求

目标人群策略制定的第一步就是进行人群细分，将用户细分成不同人群，才能进一步进行选择和分析。在数字化的媒体时代，品牌能够通过数据工具给不同用户打上各类标签，并通过不同标签特征来实现人群的归类和细分。人群标签可以由浅入深、从粗到细地分为以下 3 个层次，如图 2-4 所示。

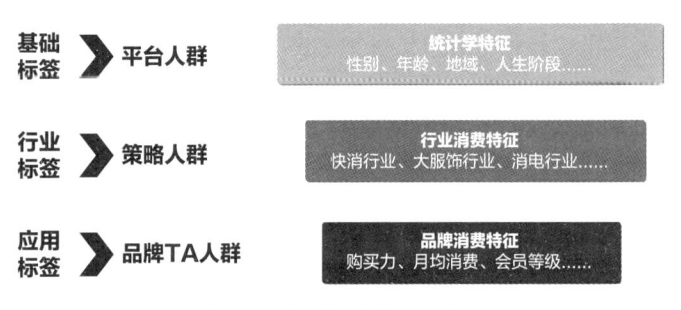

基础标签	平台人群	统计学特征：性别、年龄、地域、人生阶段……
行业标签	策略人群	行业消费特征：快消行业、大服饰行业、消电行业……
应用标签	品牌TA人群	品牌消费特征：购买力、月均消费、会员等级……

图2-4　人群标签的3个层次

- 基础标签：基础标签是较为传统的市场细分方法，即以性别、年龄、地域等人口统计学特征作为标签来进行人群细分。这些标签，能让品牌对用户人群有一个整体画像和基本属性的认知。这种市场细分方法的假设前提是：具有相似人口统计学特征的人群，也应当有着相似的消费需求和动机。在数据获取手段较少、成本较高的时代，基于人口统计学特征获取的基础标签，相对有效可行。在目前主要的电商和社交平台上，用户都被打上了这样的基础标签。品牌可以运用平台提供的相关数据工具，通过基础标签对用户进行识别、分析和投放。

- 行业标签：行业标签是品牌基于用户在不同行业的产品购买行为差异，对人群赋予相应标签并进行归类。这些基于行业标签的人群分类方法，也往往会以人口统计学特征加以描述，以便对人群有更具体的认识。但不同的是，行业标签的人群细分，是根据其品类购买行为差异，重新对人群进行了归类和划分。比如，天猫根据其平台用户购买行为数据和其对应的基础标签，针对大快消、服饰风尚、消费电器等不同行业分别划分了不同的策略人群。某个行业的同一个策略人群，在这个行业品类的购买偏好上具有更大的相似性。比如，天猫将大快消行业的策略人群分为新锐白领、资深中产、精致妈妈等，而消费电器行业则将其分为轻奢熟女、精致型男、潮流租客等。这些不同行业策略对人群的定义，是根据用户在相关行业品类的消费偏好，对整个平台人群重新进行了划分和归类。

- 应用标签：在上述两类标签的基础上，品牌还可以对自己的购买用户进行更深入的研究和洞察，发现品牌目标人群的特征，并进行更细致的人群分类，定义品牌特有的应用标签。应用标签可以由基础标签、行业标签和各种购买消费行为标签（如消费金额、购买频次、会员等级、跨品类购买偏好等）共同构成。通过这样的应用标签，品牌可以定义自己的目标人群，并运用数据工具进行人群贴标和有效触达。品牌还可以细分出不同的品牌目标人群，分别制定不同的货品策略和沟通策略。

通过不同层次的标签，品牌可以细分出不同的目标人群，并进一步进行分析和洞察。比如，品牌可以使用平台提供的各种数据工具（如阿里巴巴的品牌数据银行），进行细分人群的研究洞察和营销触达。阿里巴巴的品牌数据银行目前对入驻天猫的商家免费开放，并已经收集人群基础属性和行为数据形成标签，大家可以很方便地运用这些标签进行人群的圈选、分析和投放触达。标签的组合形式有很多，品牌可以根据需要进行多维度、多样化的标签组合，形成不同的人群。当然，也可以利用平台已有的分析成果使用其定义的策略人群。比如，现在广为认知的阿里巴巴大快消行业有八大策略人群。

- 小镇青年：18~30岁，居住在四线及以下城市。小镇青年们的消费紧追都市潮流，但相比大都市，他们所处城市的低房价、低消费水平使得他们没有过高的经济压力。慢节奏的生活让他们有充足的闲暇通过网络游戏、直播、短视频等各种方式进行休闲娱乐。可观的可支配收入与充足的可支配时间，使得小镇青年成为重要的网购潜力人群。
- Gen Z：95后、00后，以学生群体为主，居住在

一、二、三线城市。成长于互联网时代,以95后为主的Gen Z是典型的"互联网原住民",热衷利用互联网购物消费和休闲娱乐。他们消费活力最旺盛,对网购青睐有加,在大快消平台上的人均消费额年均增速最快。他们勇于尝新,对新奇有趣的事物充满热情,更看重潮流,对品牌的忠诚度较弱。此外,他们热衷于利用互联网发展自己的兴趣圈子(如宅文化、二次元、游戏等),进行小众社交。Gen Z也是特别关注外貌的颜值一族,是美妆(尤其是彩妆)品类增长的主要贡献者之一。

- 精致妈妈:孕期到小孩12岁以内的女性,居住在一、二、三线城市,消费能力L3[①]及以上。一、二、三线城市的精致妈妈们肩负多重角色:除了关心自己的健康美丽,也对孩子的健康成长充满殷切希望,还要精心安排全家的生活点滴。她们作为家庭主要的购物者,在快节奏的都市生活中,愿意花钱买便利,热衷线上购物,线上消费力最强:在大快消平台上购买的品类和品牌数量较多,购物频次较高,单次购买金额也较高。她们尤其重视产品的健康与安全,不断推动着品类的高端化升级,也青睐通过海淘渠道购买海外原产的高质量产品(如进口奶粉、辅食等)。

[①] 淘宝平台对用户人群消费等级进行了划分,从L0到L6共7级,等级越高,消费水平越高。

- 新锐白领：25~35 岁（85 后、90 后），居住在一、二、三线城市，以公司职员、公务员、金融从业者等为主，消费能力 L3 及以上。新锐白领们仍然处于事业奋斗期，工作节奏快，对消费便利性要求高，青睐线上渠道。年轻而有活力的他们，购物热情旺盛，在大快消平台上的人均支出较高，且保持快速增长。同时，他们乐于尝试新鲜事物，热衷种草拔草，对新品牌的接纳程度高，并对提升自我价值十分关注（是健身、知识付费等消费的主力）。高收入的他们，也面临着高消费、高生活成本（如房价）的压力，因此被称为"隐形贫困人口"。

- 资深中产：35~49 岁（70 后、80 后），居住在一、二、三线城市，以公司职员、公务员、金融从业者等为主，消费能力 L3 及以上。资深中产们的事业发展已进入更为成熟的阶段，多数职位已达到企业中层及以上级别，对新事物的追逐以及消费热情较年轻一代稍弱，拥有更加理性的消费观。他们在线上购物更注重品质，高端产品占比高，线下购物则注重体验。

- 都市蓝领：25~49 岁，居住在一、二、三线城市郊区，主要从事餐饮、运输、零售等行业的工作，消费能力 L2 及以下。由于通勤时间较长，他们在上下班途中往往通过手机娱乐打发时间。因生活在电商基础设施完善的一、二、三线城市，受城市中产群体的影响，他们也熟悉线上渠道。但相对新锐白领、资深中产等人群，他们收入偏低，加之城市较高的消费水平、家庭各项支出的压力，在购物中较为追求性价比，在大快消平台上的人均消费额与中产群体相比差距较大，年均增速也较为平缓。

- 都市银发：50岁以上，居住在一、二、三线城市。都市银发一族拥有较为充足的退休金等收入，是"互联网隐形金矿"。他们的线上购物习惯仍待进一步培养，渗透率偏低。受节省消费观的影响，他们线上购物时追求性价比，偏爱折扣产品，在大快消平台上的人均消费额持续下降。他们重视对亲戚、朋友关系的维护，也偏爱简单的沟通方式，因而社交裂变拉新对他们的影响较大。

- 小镇中老年：大于30岁，居住在四线及以下城市。小镇中老年生活在低线城市，生活节奏慢、休闲时间多，喜欢通过网络观看视频、新闻等消磨时间。受消费习惯和收入水平的影响，线下仍是他们主要的购物渠道（线下购物也满足他们一定的熟人社交需求），线上消费金额和频次偏低。在大快消平台上的人均消费额最低，以跟随性消费为主。与都市银发类似，重视熟人社交的他们也是社交裂变拉新的主要参与者。

阿里巴巴把所有淘系平台的消费者按照标签进行了分类，基于人群体量和消费贡献，大快消行业消费者主要由上述八类人群构成。通过八大人群，品牌可以非常方便地对照人群进行思考和分析。当然，品牌如果想要进行更高效的人群扩圈和破圈，还是要深入地洞察人群背后的需求，进而制定符合自身增长需要的运营策略。同时，品牌也要根据行业人群和品牌人群的情况来选择自己的目标人群定位。

（2）选择定位：确定核心人群和机会人群

有了人群标签和细分之后，我们就需要确定品牌的目标人群，其包括核心人群和机会人群。我们可以先从整个行业品类的角度，来确定行业的核心人群和机会人群，再结合品牌自身现状，确定品牌的核心人群和机会人群。

无论是从行业还是品牌的角度看，核心人群都应该是人群体量和占比较大的人群，而机会人群则是增速较快、潜力较大的人群。

从行业角度来看，我们可以通过不同人群的销售额、增速及人群渗透率，进行核心人群和机会人群的分析和确定。如图2-5所示，在阿里巴巴大快消行业的八大策略人群中，新锐白领、精致妈妈、资深中产这3类人群的人群渗透率最高，销售额高但增速较慢，因此都是行业的中坚力量，可以被定义为核心人群。而Gen Z和小镇青年，虽然销售额不高但增速最快，并且人群渗透率还有很大提升空间，作为"新势力"，可以被定义为大快消行业的机会人群。在其他3个"蓝海"人群中,都市银发和小镇中老年的销售额低、增速慢,人群渗透率也非常低,虽然潜力巨大但尚未启动,仍需要市场培育。值得注意的是,"蓝海"人群中的都市蓝领,其实也应当被定义为核心人群,因为他们对品牌销售额做出的贡献和"中坚力量"几乎相当,虽然增速不高,但人群渗透率却有更大的潜力,反而应该是更值得重视的行业核心人群。

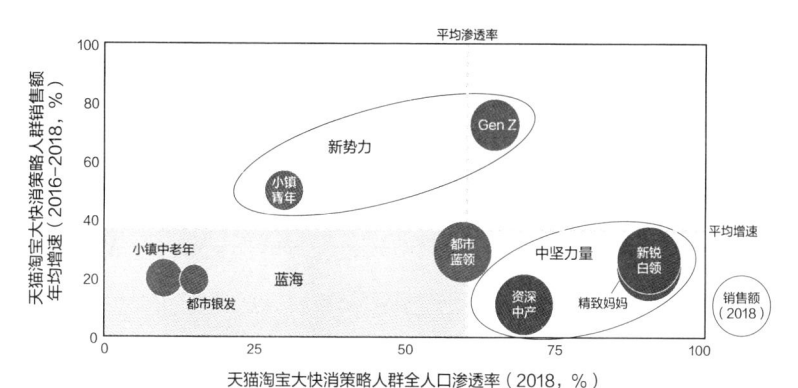

图2-5 天猫淘宝大快消策略人群的销售额、增速及人群渗透率分析

(来源:《2019年中国快消品线上策略人群报告》)

品牌在做自身目标人群的选择定位时,一定要先了解所处行业的人群现状和趋势,明确行业的核心人群和机会人群,然后再对照自身情况进行分析和决策。

从品牌角度来看,我们可以把人群的分类和分析做得更细致一些，从中找到品牌的核心人群和机会人群。核心人群是品牌现有的存量基础，而机会人群则是品牌未来的增量机会。我们可以根据品牌现有客户中不同人群的体量和增速，将人群分成6类，如图2-6所示。

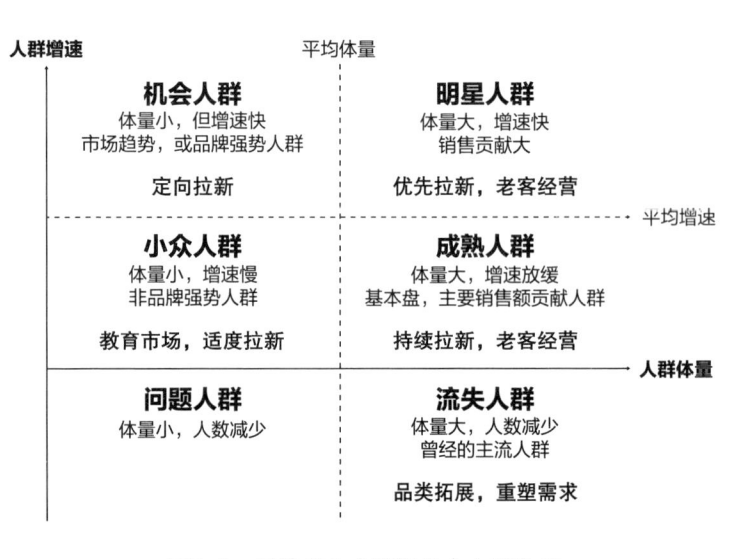

```
人群增速 ↑                    平均体量
         │    机会人群        │    明星人群
         │   体量小，但增速快  │   体量大，增速快
         │ 市场趋势，或品牌强势人群 │   销售贡献大
         │    定向拉新        │   优先拉新，老客经营
         │ ─────────────────┼─────────────────  平均增速
         │    小众人群        │    成熟人群
         │   体量小，增速慢    │   体量大，增速放缓
         │  非品牌强势人群     │ 基本盘，主要销售额贡献人群
         │  教育市场，适度拉新  │   持续拉新，老客经营
         │                   │                          → 人群体量
         │    问题人群        │    流失人群
         │  体量小，人数减少   │   体量大，人数减少
         │                   │    曾经的主流人群
         │                   │   品类拓展，重塑需求
```

图2-6　品牌核心人群和机会人群分析

- 明星人群：体量大，增速快。品牌需要重点做好这类人群的运营，不仅要做好拉新，还要做好老客的留存。明星人群增速快且占比高，说明品牌抓住了该人群的需求，接下来需要乘胜追击，加大拉新力度，提升品牌在行业中对该人群的渗透率。

- 成熟人群：体量大，增速放缓。这类人群代表了品牌的基础盘，为品牌贡献了主要的销售。品牌首要的任务就是老客经营，防止成熟人群流失，另外也要持续进行拉新，稳固品牌的"护城河"。
- 流失人群：体量大，呈负增长。这类人群代表了品牌曾经的成熟人群，由于竞争和人群需求的改变，品牌的消费者发生了流失。品牌针对这类人群需要做分析，根据其购买需求改变的原因，提前做好品类的拓展布局，重塑消费者需求。
- 机会人群：体量小，增速快。这类人群代表了品牌的趋势市场。品牌需要做定向拉新，在行业中精准找到这类人群进行拉新，并分析人群的需求，提前做好产品的布局，提高品牌在机会市场中的渗透率。
- 小众人群：体量小，增速慢。这类人群代表了品牌需要教育引导的市场，品牌针对这类人群要适度拉新。
- 问题人群：体量小，呈负增长。建议品牌暂时放弃这类人群，不需要投入较多资源进行运营。

在这6类人群中，明星人群和成熟人群是品牌的核心人群，应该给予最高的关注和最多的资源。但明星人群经常是不存在的，因为当人群体量增长到一定阶段，通常都会出现增速放缓，从而成为成熟人群。如果行业和品牌确实存在这样体量大增速又快的人群，那么毫无疑问应当将其看作最重要的核心人群。此外，那些体量较小但增速较快的机会人群，通常是行业和品牌值得关注的机会人群。在缺少明星人群并且成熟人群占比已趋饱和的情况下，品牌更需要聚焦机会人群进行破圈，获得持续增长，进一步提升整体市场占有率。同时，机会人群往往也是行业挑战者与领导品牌进行错位竞争的机会所在。

最后，我们结合行业与品牌对核心人群和机会人群进行对比分析。将品牌的核心人群与机会人群同行业进行交叉分析，就可以有针对性地制定不同的人群运营策略，如表2-1所示。

表2-1 行业X品牌的人群策略矩阵

项 目		行业/品类视角	
		核心人群（体量大）	机会人群（增速快）
品牌视角	核心人群（体量大）	防守策略 保持地位	引领策略 扩圈渗透
	机会人群（增速快）	进攻策略 破圈争夺	区隔策略 构建壁垒

当品牌的核心人群也是行业的核心人群，尤其是人群渗透率已经较高时，品牌一般是行业的领导者。此时，品牌应当采取防守策略，保持在该人群中的高渗透率、高占比，以巩固行业优势地位。

当品牌的某个核心人群目前还只是行业的机会人群，那么品牌通常是处于错位竞争的挑战者地位。此时，品牌应当采取引领策略，进行该人群的持续扩圈，继续提升渗透率和占比。品牌要在这类人群中起到领导品牌的作用，引领该人群的品类渗透和产出提升。当这类人群有一天成长为行业的核心人群时，品牌也会从挑战者成长为行业的领导者。

再来看品牌的机会人群。如果品牌的某个机会人群是行业的核心人群，说明我们正在抢夺行业领导者的客户，向对手的存量人群要增量。针对该人群的破圈争夺，品牌必须采取进攻策略。一方面，在人群触达上会与对手直面交锋；另一方面，必须针对目标人群找到独特的购买理由，实现购买转换。

如果品牌的某个机会人群也是行业的机会人群，那就说明品牌与竞争对手的增量人群来源其实是相同的。虽然此时大家都在埋头做增长、拼增速，暂时还少有直面竞争，但品牌必须提前思考区隔策略，建立竞争壁垒。只有这样，才能在行业整体增速放缓时，继续保持竞争地位和毛利水平，不至于陷入同质化的存量竞争。

（3）需求洞察：挖掘使用场景和深层动机

针对品牌选择的目标人群（核心人群和机会人群），我们需要不断深入进行需求洞察，挖掘其使用场景和深层动机，才能真正有效地制定人群运营策略，包括货品策略和营销场景。在进行目标人群需求洞察时，我们往往是通过研究用户的相关行为来挖掘其深层动机。一方面，我们可以研究用户在本品类的购买偏好以及相关品类的购买行为，更立体地描绘其购买动机和使用场景。另一方面，我们也可以通过社交媒体、电商评论等内容的分析，更生动地了解用户的消费需求和真实体验。

接下来，我们通过一个"体重管理人群"的案例，为大家剖析如何通过行为来对用户需求进行深入洞察。

近几年，人们对体重管理的关注度逐年攀升，相关的食品产业也得到了更加广泛的关注与认可。减肥饼干、营养代餐、低卡零食等产品品类发展迅猛，共同驱动着一个万亿级市场的升级转型。当我们深入研究，会发现整个"体重管理人群"其实也可以进一步细分为若干不同的人群。同样是"体重管理"，不同细分人群有着各种不同的消费需求和深层动机。

根据人群的基础标签和相关品类购买行为，我们把体重管理人群细分为六类，如表2-2所示。通过精准洞察不同细分人群的消费需求和深层动机，品牌可以更精准地对人群进行画像和触达，也可以更精准地匹配相应的货品策略和营销场景。

这些不同人群的细分标准和需求洞察，是基于对人群基础标签和相关品类购买行为的分析。我们以其中的两个细分人群（运动潮流辣妈和梦想躺瘦吃货）为例进一步解析。

表2-2 体重管理人群——六大细分人群

细分人群	人群占比	消费行为与需求动机
硬核健身型男	31%	健身狂人，以减脂增肌为目标，拒绝碳水
自律瑜伽达人	4%	运动、饮食极其自律，健身代餐和低热量代餐的消费者

续表

细分人群	人群占比	消费行为与需求动机
运动潮流辣妈	27%	追求身材和线条，运动+代餐双管齐下，自律但不自虐，追求减肥与美味的平衡
佛系减肥少女	16%	有减肥动力，但无科学方法。相信七分吃三分练，积极控制饮食热量，但结果随缘
梦想躺瘦吃货	20%	口号式减肥，不热爱运动，一边尝试各种代餐，一边抵挡不了零食和碳水的诱惑
中年养生人群	2%	有健康管理及体重管理的需求，主要靠中式养生食疗和保健品控制体重。

如图 2-7 所示，两个细分人群在基础标签上已经显示出一些差异，包括年龄、婚育状况、消费能力等。

运动潮流辣妈

- 18-24岁　16%
- 25-29岁　27%
- 30-34岁　27%
- 35-39岁　14%
- 40-44岁　10%
- >=45岁　6%

78% 女性 TGI 140-160

/ 25-34岁女性为主

63% / 已婚育占多

较高消费能力 (15%, 22%, 29%, 29%)

- 一线城市　17%
- 二线城市　35%
- 三线城市　20%
- 四线城市　9%
- 五线城市　12%
- 六线城市　7%

/ 主要分布在一、二线城市

梦想躺瘦吃货

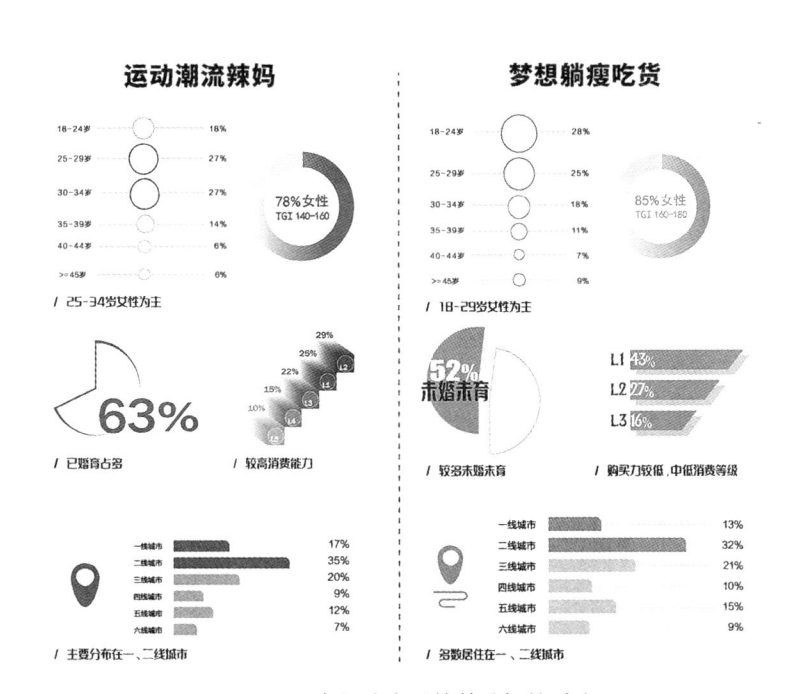

- 18-24岁　28%
- 25-29岁　25%
- 30-34岁　18%
- 35-39岁　11%
- 40-44岁　7%
- >=45岁　9%

85% 女性 TGI 160-180

/ 18-29岁女性为主

52% 未婚未育

L1 43%
L2 27%
L3 16%

/ 较多未婚未育　　/ 购买力较低，中低消费等级

- 一线城市　13%
- 二线城市　32%
- 三线城市　21%
- 四线城市　10%
- 五线城市　15%
- 六线城市　9%

/ 多数居住在一、二线城市

图2-7　两个细分人群的基础标签对比

如表 2-3 所示，我们进一步对照这两个细分人群在相关品类上的购买行为数据，就会发现她们在体重管理上采用的是不同的方式，其背后的需求动机也存在着明显差异。

我们可以清晰地看到，运动潮流辣妈比其他人群更倾向购买左旋肉碱和乳清蛋白等产品，同时也会购买健身器材（瑜伽舒展架和腿部训练器等），这说明该人群平时会适度做瑜伽等有氧运动进行体重管理。在饮食上，这类人群会选择营养饼干、黑巧克力、纯果蔬汁等自然健康的食物。通过这些购买行为，品牌可以更加立体地了解这类人群的生活习惯和需求：对身材要求严格，自律但不自虐，生活品质高，重视饮食的营养和天然属性。

而梦想躺瘦吃货和运动潮流辣妈相比，他们在体重管理的消费行为和需求动机上，表现出比基础标签更大的差异。这类人群除了代餐之外，依然会购买糕点、素肉、面条等高热量食物，而在运动减肥上，也倾向于跳绳这样"拿得起、放得下"的形式。所以这类人群并不会认真控制体重，而是希望躺着就能变瘦。我们根据购买行为，可以对这类人群进行更生动的需求动机描述：口号式减肥，不愿意运动，尝试各种代餐，但控制不了零食和碳水的诱惑。

如图 2-8 所示，在人群标签和购买行为分析的基础上，我们对运动潮流辣妈和梦想躺瘦吃货的体重管理需求动机进行了更为生动的描述和画像。根据基础标签和相关品类购买行为，品牌可以对不同细分人群的消费动机进行更深入的洞察、更生动的画像。

第二章 人群策略 / 063

表2-3 两个细分人群的体重管理相关品类购买行为对比[1]

运动潮流辣妈

一级类目	TGI[1]	占比	叶子类目	TGI	占比	主要品牌
保健食品/膳食营养补充食物	450–500	53%	左旋肉碱	1000	2.0%	MP
			乳清蛋白	1000	2.8%	Myprotein
运动服/休闲服装	400–450	43.6%	运动背心	1000	1.4%	La Nikar
			健身裤	1000	9.7%	佑游
			运动文胸	800–1000	9.3%	暴走的萝莉
咖啡/麦片/冲饮	300–350	87.3%	挂耳咖啡	1000	3.4%	隅田川
			豆浆	800–1000	11.3%	冰泉
			纯果蔬汁	800–1000	5.3%	可果美、if、零度果坊
			天然粉粉食品	600–800	29.5%	Wonderlab、Smeal
水产肉类/新鲜蔬菜/熟食	300–350	84%	鸡胸	1000	18.9%	鲨鱼菲特、肌肉小王子、独角兽暴肌厨房
			鸡腿丸/肉串	1000	4.7%	田园主义、Easy Fun
运动/瑜伽/球类用品	300–350	78.2%	美腿机/腿部训练器	1000	4.8%	
			健身踏板/韵律踏板	1000	14%	
			瑜伽舒展架/健康架	800–1000	9.2%	
零食/坚果/特产	220–240	96.2%	营养(消化)/饼干	1000	13.1%	初吉、健元堂、dgi、田园主义、轻食兽
			坚果制品	1000	1.2%	Be-kind
			黑巧克力	800–1000	9.2%	每日黑巧

梦想鲷吃货

一级类目	TGI	占比	叶子类目	TGI	占比	品牌
保健食品/膳食营养补充食物	300–350	34.9%	酵素	600–800	6.7%	姿美堂
咖啡/麦片/冲饮	280–300	72.6%	冲饮麦片	400–450	31.5%	田园主义、碧翠园、王饱饱

续表

一级类目	TGI	占比	叶子类目	TGI	占比	品牌
粮油调味/速食/干货/烘焙	300-350	84.4%	沙拉/千岛/蛋黄酱	450-500	9.2%	碧翠园、田园主义
			面条/挂面	350-400	15.4%	田园主义、碧翠园、七年五季
运动瑜伽/健身/球类用品	300-350	78.2%	跳绳	400-450	12.4%	
零食坚果/特产	220-240	91.3%	营养（消化）饼干	600-800	6.8%	初吉、健元堂、田园主义、碧翠园、菜青虫
			西式糕点	350-400	50.6%	欧贝拉、舌里、田园主义、七年五季
			传统糕点	300-350	42.3%	知心奶奶、欧贝拉、比比赞
			酥性饼干	300-350	13.1%	米多奇、其炒
			素肉	300-350	10.6%	
水产肉类/新鲜蔬菜/熟食	220-240	63.2%	鸡胸	600-800	8.6%	小鸡收腹、田园主义

① 指群体→知乎 特征→关注篮球 总体→另外

② 表格中的 TGI 即 Target Group Index（目标群体指数），可反映目标群体主特定研究范围（如地理区域、人口统计领域、媒体受众、产品消费或）内的强势或弱势。

TGI=（目标群体中具有某一特征的群体所占比例/总体中具有相同特征的用户所占比例）× 标准数 100。

举个简单的例子，比如知乎全体用户中关注篮球话题的用户占比为 20%，其中男性用户中关注篮球的占比为 50%，那么篮球话题男性用户中的 TGI 为 =50%/20% × 100=250，说明篮球话题在男性用户中表现更为强势，即更受欢迎。

TGI 可以帮助我们分析特征在目标群体中相对全体用户的表现情况，如果对 TGI 进行分区的话，主要可以分为以下三段区间：

TGI=100——特征在目标群体和全体用户中的表现没有差异；TGI>100——特征在目标群体中表现更为强势，数字越大越强；

TGI<100——特征在目标群体中表现较为弱势，数字越小越弱。

也正是基于这样的洞察，才有了对人群的有效细分和生动命名。而这六大细分人群的命名，其实也是对人群基础标签和品类需求动机的高度总结。

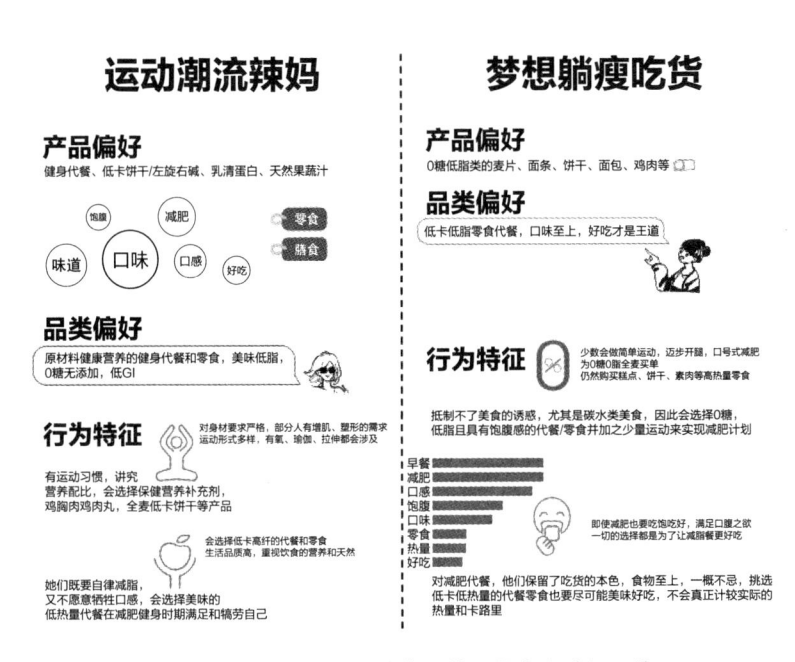

运动潮流辣妈

产品偏好
健身代餐、低卡饼干/左旋右碱、乳清蛋白、天然果蔬汁

饱腹 减肥 零食
味道 口味 口感 好吃 腾食

品类偏好
原材料健康营养的健身代餐和零食，美味低脂，0糖无添加，低GI

行为特征
对身材要求严格，部分人有增肌、塑形的需求
运动形式多样，有氧、瑜伽、拉伸都会涉及
有运动习惯，讲究营养配比，会选择保健营养补充剂，鸡胸肉鸡肉丸，全麦低卡饼干等产品
会选择低卡高纤的代餐和零食
生活品质高，重视饮食的营养和天然
她们既自律减脂，又不愿意牺牲口感，会选择美味的低热量代餐在减肥健身时期满足和犒劳自己

梦想躺瘦吃货

产品偏好
0糖低脂肪类的麦片、面条、饼干、面包、鸡肉等

品类偏好
低卡低脂零食代餐，口味至上，好吃才是王道

行为特征
少数会做简单运动，迈步开launch，口号式减肥
为0糖0脂全麦买单
仍然购买糕点、饼干、素肉等高热量零食

抵制不了美食的诱惑，尤其是碳水类美食，因此会选择0糖、低脂且具有饱腹感的代餐/零食并加之少量运动来实现减肥计划

早餐
减肥
口感
饱腹
口味
零食
热量
好吃

对减肥代餐，他们保留了吃货的本色，食物至上，一概不忌，挑选低卡低热量的代餐零食也要尽可能美味好吃，不会真正计较实际的热量和卡路里！

即使减肥也要吃饱吃好，满足口腹之欲一切的选择都是为了让减肥餐更好吃

图2-8　两个细分人群的体重管理需求和动机画像

通过更为深入的洞察，我们才能更好地了解并满足目标人群的需求。包括为相关目标人群开发或匹配相应的产品及卖点，规划有效的沟通内容和精准的营销场景，甚至反思目标人群的细分方法和选择定位。

最后，值得强调的是：目标人群策略制定的3个步骤，并非

一个单向的过程，而是一个持续循环的过程。让我们回顾图 2-3 中的 3 个步骤：人群细分、选择定位和需求洞察。虽然我们把需求洞察放到最后来介绍，但这并不是目标人群策略制定的终点，反而可以说是起点。唯有对目标人群进行深入的洞察，才能够更好地帮助我们进行人群细分和选择定位。因此，这 3 个步骤作为一个不断循环的过程，应当融入整个品牌增长的过程，因此需要品牌持续分析、不断深入、复盘优化。唯有这样，品牌才能更快洞悉人群和市场趋势的变化，及时改进产品和营销手段的不足，精准把握自身增长的机会。

第三章

品牌策略

品牌增长的双 KPI 以用户为核心纽带，但也无法脱离品类而存在。一方面是因为销售收入依靠的是用户对品牌相关品类的直接购买；另一方面是因为品牌在用户心智中的价值，往往和某个或大或小的品类高度相关。一个真正有价值的品牌，要么直接代表了某个品类，要么在品类中占有某个独一无二的特性，要么开创并主导某个新品类。比如：JEEP 代表了越野车品类，甚至很多人会把所有品牌的越野车都叫"吉普车"；在豪华汽车里，大家都说"坐奔驰、开宝马"，奔驰、宝马分别代表乘坐享受和驾驶乐趣；而特斯拉则是开创并主导了纯电动汽车这个新品类。

所以，品牌增长是通过人群策略的制定和实施来获取和经营用户，通过品类策略的制定和实施来拓展和销售货品。**人群策略和品类策略，共同构成了品牌增长的核心策略。**

从品类视角，品牌经营成果取决于两个核心要素：品类规模和品类份额。

如图 3-1 所示，一个品牌的实际销售收入，是由其生产销售的所有货品构成的。这些货品都属于某个品类（从大品类到细分品类）。因此，如果我们从品类视角来看待品牌的经营成果，可以归纳成以下几个问题：品牌进入了哪个或哪些品类？这个或这些品类的市场规模有多大？品牌货品在其中占据的市场份额又有多大？

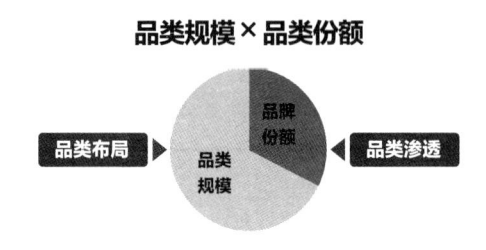

品类规模 × 品类份额

品类布局 — 品类规模 / 品牌份额 — 品类渗透

图3-1　从品类视角看品牌经营

品类规模和品类份额，通常也是我们在分析某个新消费品牌的增长时会考量的重要指标。看品类规模，就是看赛道，看品牌属于哪个赛道，赛道的规模大不大、增速快不快。而看品类份额，就是看品牌的市场占有率，看品牌当前在所切入赛道中当前的份额占比以及份额的增减趋势。

品牌所切入的大赛道、大品类，往往由若干子赛道、子品类所构成，并且还可以进一步细分。品类的整体规模，也是由所有子品类的规模共同构成的。因此，从品类维度看待品牌经营，第一项任务就是进行品类发展规划，也就是说：品牌的货品，要进入哪个大品类？具体又要发展到多少个细分品类？由此，最终形成品牌的产品线规划和 SKU 布局。

品牌选择切入相关的赛道、品类之后，就要开始进行第二项任务：品类渗透，以求在品类规模中占据更大的市场份额。而品牌在大赛道、大品类中的份额，又是由其产品在相关细分品类中的份额共同构成的。而品类渗透的任务也有两种思维：第一种是提升品类在市场中的渗透率，让这个品类有更多人买、买得更多、买得更贵，也就是把整体品类的"蛋糕"做大，这种思维往往是品类开创者和领导者所拥有的。另一种则是提升品牌在品类中的渗透率，通过提升竞争优势来赢得比对手更多的用户、更大的溢价、更高的忠诚度，也就是在整体品类的"蛋糕"中切下更大的一块，这种思维则是品类挑战者或跟随者常常采取的策略。

因此，品牌的持续增长，一方面需要进行合理的品类布局，选择进入那些有空间、有增长的品类赛道。另一方面，则需要建立品牌优势、提升品类渗透率，在品类中赢得更大的市场份额。

制定品类策略的 3 个阶段

从品类角度出发，制定品牌增长策略必须首先回答两个问题：品类的选择和主次问题，货品的角色与分工问题。当品牌发展到一定阶段，遇到品类规模天花板和品类渗透的瓶颈时，还会碰到第三个问题：品牌如何利用已经形成的品牌资产（即已经在用户心智中建立起的核心价值）向现有品类之外进行延伸？

（1）品类的选择和主次

品类发展规划，首先就必须回答品类选择和主次问题：在大赛道之下，如果资源有限，哪些品类先做，哪些品类不做？这些品类有没有主次，重点资源应该聚焦哪些品类？这就需要我们针对品类进行分析。

品类分析的首要目标，是聚焦最有机会的趋势赛道，也就是选择具有足够的市场空间，最符合市场趋势的品类。我们必须首先去看不同品类的市场规模和增速，关注大盘，然后结合自己的优势选择大盘，以此来决定品牌应该进行怎样的品类布局。

我们以戴森在中国市场的发展为例。戴森进入中国市场后的快速发展，首先得益于其核心产品所处品类的快速发展。家用吸尘器在过去十多年间的市场规模迅速增长，为戴森的整体品牌增长奠定了关键基础。其次，戴森在家用吸尘器这个赛道也具备强大的竞争优势。戴森的优势，不仅在于它开创了无绳吸尘器，更在于其核心的电机技术、气流技术和时尚工业设计基因。在进入中国市场几年之后，戴森又通过电吹风产品切入家用美护电器品类，同样是基于"趋优"法则做出的决策。一方面，戴森看到了中国家庭美护需求和家用美护电器品类的快速增长和巨大空间；另一方面，戴森也能充分利用其在电机和气流技术以及极致工业设计上的竞争优势，快速在这一新品类中建立品牌认知和市场地位。

总结一下，品类分析一看市场趋势，二看竞争优势。一方面，你要看看这个市场上哪些品类大、哪些品类小，哪些品类在涨、哪些品类在跌。另一方面，你必须回头看看自己的优势在什么地方，和其他竞品进行对比，然后做出你的选择。市场趋势结合竞争优势，就是品牌做出品类选择最核心的两大要素，我们称之为"趋优法则"。

对品类市场趋势的大盘分析，我们可以借用著名的商业分析工具"波士顿矩阵"来进行。波士顿矩阵从两个角度来分析品牌的产品：一个是市场占有率，另一个是销售增长率，如图3-2所示。通过这两个维度，品牌可以把产品分成4类（对应矩阵的4个象限），分别是：明星类产品（市场占有率高、销售增长率高）、金牛类产品（市场占有率高、销售增长率低）、瘦狗类产品（市场占有率低、销售增长率低）和问题类产品（市场占有率低、销售增长率高）。通过波士顿矩阵的分析，品牌可以针对不同类型的产品采用不同的投资和营销策略。

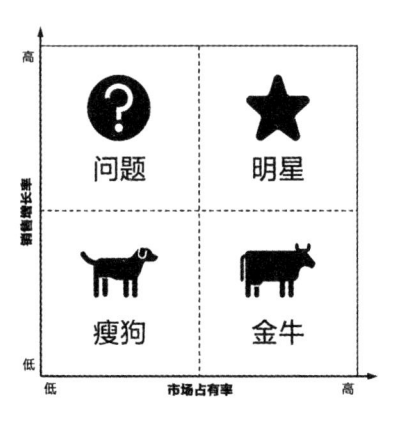

图3-2 波士顿矩阵

当我们需要着眼整个行业的市场趋势来分析品牌的品类策略时，同样可以借鉴波士顿矩阵的思路。波士顿矩阵本来是用来分析一个品牌的不同产品，我们可以借鉴该工具，用来分析整个行业的不同细分品类。我们同样以两个维度来分析行业的细分品类：一个是品类的市场规模（当前整体销售额），另一个是品类的市场增速（销售额增长率）。通过这两个维度，我们就可以把行业品类分成4类（对应矩阵的4个象限），分别是：焦点品类（规模大、增速快）、成熟品类（规模大、增速慢）、小众品类（规模小、增速慢）和机会品类（规模小、增速快）。

这4个象限，代表了不同品类的"市场趋势"，再结合品牌在不同品类中的"竞争优势"分析，就可以帮助我们在众多的品类机会中锁定最适合自己的品类方向，然后集中资源进行进一步的用户研究、产品开发与营销投入。

如图3-3所示，具体的分析方法是：我们可以把所要分析的品类或细分品类，根据品类市场规模（横轴）和市场增速（纵轴）的数据，放到矩阵的不同位置，用气泡形式来展现。而气泡的大小则代表了品牌在该品类中的竞争优势大小。具体定义如下。

- 气泡代表某品类/细分品类。
- 横轴和纵轴分别代表品类分析的两个维度：市场规模和市场增速。
- 气泡大小代表品牌在相关品类中的竞争优势大小

（指数化数值）。

- 竞争优势大小可以用品牌在品类中的市场份额占比来表示。
- 市场份额占比 = 品牌在该品类的销售额 / 该品类所有品牌销售额 ×100%。比如，某家电品牌的空调产品销售额为 1 亿元，而市场上所有品牌空调的销售额为 10 亿元，则品牌在空调品类的市场份额占比为 10%。

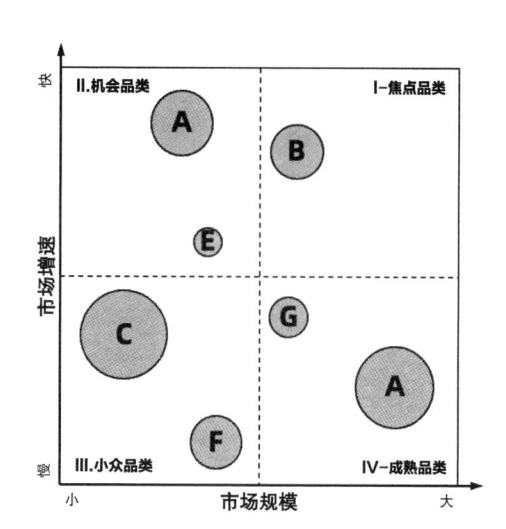

图3-3　"趋优"法则——品类分析与决策模型

由此，我们可以得出各个品类/细分品类所处的不同象限位置，并结合品牌在该品类中的竞争优势大小，采取不同的品类发展策略：

象限 I——焦点品类

矩阵右上角第一象限所在的品类,我们称之为焦点品类。处在这个象限的品类规模大、增速快,往往是整个行业赛道关注和竞争的焦点。比如这几年在咖啡的大赛道下,冻干咖啡就属于焦点品类。如果你的品牌在这个品类中具有优势(气泡相对较大),那么就一定要集中资源进行争夺。打爆款、带销量,把品类继续做大的同时也进一步扩大市场份额、强化竞争优势,成就或巩固行业领导地位。

得焦点品类者得天下,这正是行业领导品牌们的"兵家必争之地"。要巩固领导地位,要成为领导品牌,就必须拿下焦点品类。而其他品牌则可以采取跟随策略,无须过多投入市场资源,而是要利用领导品牌们对市场的教育,来获取品类红利。

象限 II——机会品类

左上角第二象限的品类规模较小但增速较快,我们称之为机会品类。机会品类是行业中具有一定成长潜力但市场仍需培育的品类,也是最有机会培育出那些挑战行业领导地位的新锐品牌的领域。针对机会品类,处在领导地位的大品牌和处在挑战地位的小品牌、新品牌,应当采取不同的策略和做法。

领导品牌针对机会品类,应当采取"伺机而动"进而"反向跟随"的策略。领导品牌在切入细分品类时,由于其企业架构和财务模型具有一定的规模要求和盈利考量,所以只有当品类市场体量达到一定程度时才会进入。而在这之前,领导品牌应当在产品研发、生产体系、市场计划、财务测算等方面做好充分准备，等市场时机成熟时再"伺机而动"，大举进入。而进入机会品类的策略，则可以"反向跟随"，学习品类中现有竞争对手的成功经验，和它们采用一样的打法。由于领导品牌在品牌势能、渠道渗透和营销费用等方面都具有更大的资源，所以往往可以从竞争对手培育的市场上直接夺取胜利果实。

而作为挑战者的品牌，在聚焦机会品类采取策略时，则需要注意防范领导品牌的上述打法。机会品类既有较高的市场增速，又避开了和领导品牌的正面竞争，因此它往往是培育挑战者的沃土。很多新锐品牌，正是通过切入、做大并领导一个细分的机会品类，从而建立自己的行业地位。但在快速做大的同时，还必须注意建立有效的竞争区隔、品牌的独特认知、产品的显性差异、渠道的特有壁垒等等，以及注意哪些是大品牌无法通过投资费用资源进行复制跟随的。只有建立这样的区隔优势和竞争壁垒，才能在领导品牌大举进入时，不至于沦为"为他人作嫁衣"的先驱者。

象限Ⅲ——小众品类

小众品类指的是那些规模又小、增速又慢的品类。小众品类的市场规模空间有限，且一定时期内未能被品牌看到增长潜力。针对小众品类，我们建议品牌采取放弃策略，无须投入过多资源。在资源充足的情况下，品牌可以在小众品类进行布局，作为其他品类的完善补充，以带来连带销售，提升用户客单。当然，如果要针对这个品类进行创新、引领发展，就必须考虑与其他规模大、增速快的品类去争夺市场份额，也就必须进行重新划分和开创。

象限Ⅳ—成熟品类

矩阵右下角的第四象限，是那些规模较大但增速较慢的成熟品类。通常这样的品类，是行业中已经经过充分竞争和发展的品类，行业市场规模和品牌竞争格局都相对较为稳定。这个品类往往被市场领导品牌们牢牢掌控，并通过优化资源配置来进一步巩固竞争壁垒、优化利润水平。而对于挑战者，如果想要有效进攻这个品类，就必须通过高度差异化的产品显著创新或营销革新模式，只有如此，才有机会打破原有的竞争格局，在已经相对稳定的成熟品类中为自己赢得一席之地。

基于这样一个数据化和指数化的品类分析模型，企业可以对相关细分品类的市场趋势和品牌优势进行分析，梳理品牌的细分品类布局策略。一方面是确定品牌要选择进入哪些品类，另一方面是确定细分品类的主次关系，聚焦重点品类，集中资源进行产品开发和营销投入，最终提升品牌在整个行业的地位。

我们以某国际婴幼儿辅食领导品牌为例，如图3-4所示，在婴幼儿辅食大品类下，该品牌的产品主要布局了5个细分品类。我们根据这5个品类在天猫平台2020年的GMV（市场规模）、年同比增长率（市场增速）以及该品牌在这5个细分品类的GMV占比（竞争优势）来绘制该图表。根据图表我们可以看到：米粉/米糊/汤粥属于绝对的成熟品类，磨牙棒/饼干已经接近焦点品类，溶溶豆和泡芙都属于机会品类，果/菜/肉/混合泥则属于小众品类。

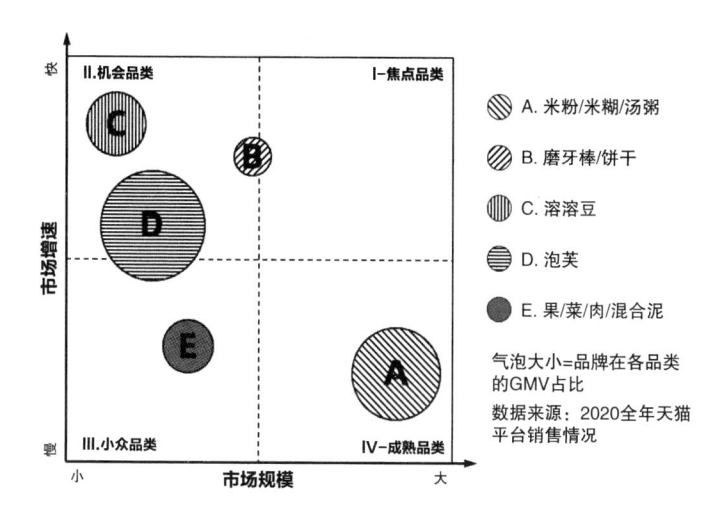

图3-4 某婴幼儿辅食领导品牌的"趋优法则"品类分析与决策

作为领导品牌，该品牌在米粉/米糊/汤粥这样一个成熟品类中拥有较大的市场份额，也因此成为行业领导品牌。在这个细分品类，我们应当通过优化资源配置来巩固竞争壁垒、优化利润水平。

而磨牙棒/饼干这个焦点品类，却是该品牌目前市场份额最小的品类。近几年，这个细分品类在一些行业挑战者的产品创新和营销推动下快速增长，已经从机会品类迈向焦点品类。作为行业领导品牌，在磨牙棒/饼干这个行业竞争的焦点品类，必须大力度地投入资源，争夺细分品类的市场份额，巩固自己在整个行业的领导地位。该品牌可以在产品布局和营销打法上采用"反向跟随"该细分品类目前领先者的策略，通过发挥压倒性的资源优势，切入这个已经经过竞争对手教育的市场，夺取他人种下的胜利果实。

溶溶豆和泡芙目前都属于机会品类。该品牌在泡芙品类中已经具有较大的竞争优势，作为领导者，在资源允许的情况下，可以继续加大品类教育投入，推动该品类的规模增长，做大"蛋糕"。而溶溶豆目前是整个行业增速最快的细分品类，品牌可以"伺机而动"，在产品、生产和营销上做好充分准备，一旦该品类的市场规模达到预先设定的标准，就采取焦点品类的策略切入。

而果/菜/肉/混合泥目前仍属于小众品类。但由于整个婴幼儿辅食赛道的快速增长，该细分品类的整体同比增速也不低。在资源有限的情况下，品牌可以减少在这个细分品类的投入，仅作为品牌完整产品线的补充，满足消费者的需求多样性，并持续关注、等待时机。

（2）产品的角色和分工

如图 3-5 所示，品牌需要通过产品完成 3 项核心任务。

- 获取客户：我们要思考用什么品类和产品来吸引人群关注、激发用户兴趣并形成购买转化。
- 运营产出：我们要思考如何通过产品的布局规划来提升客户的持续产出贡献。而更高的用户运营产出，也能够为品牌的前端拉新获客提供更多的营销子弹。
- 打造品牌，即用什么品类和产品打造代表品类、树立品牌价值。品牌价值的不断提升，最终将为包括获取客户和运营产出在内的整个营销体系带来更高效率。

图3-5 产品在品牌持续增长中需要完成的3项任务

所以，分析完品类赛道的发展趋势，确定了品类选择和主次之后，我们还需要对相关产品进行清晰的分工定义，即不同产品在品牌持续增长中扮演的不同角色、起到的不同作用。

如图3-6所示，品牌可以从用户对品类的关注度、关心度以及选择门槛的角度出发，将不同产品分成以下几种角色，分别对应上述的3项任务。

不同品类/产品的营销角色

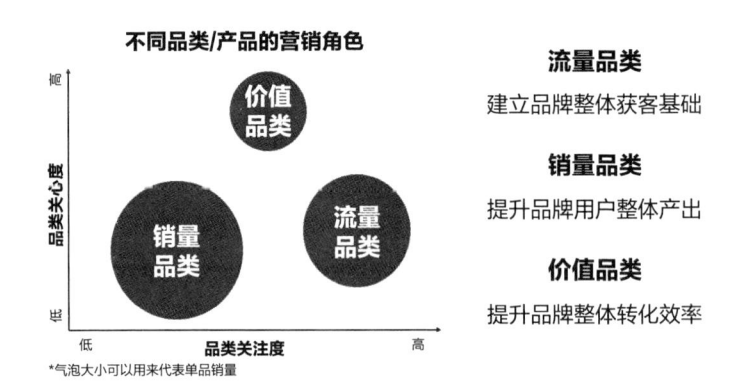

（图示：纵轴为"品类关心度"，横轴为"品类关注度"，三个气泡分别为"价值品类"、"销量品类"、"流量品类"）

*气泡大小可以用来代表单品销量

流量品类
建立品牌整体获客基础

销量品类
提升品牌用户整体产出

价值品类
提升品牌整体转化效率

图3-6　不同品类/产品的营销角色分工

流量产品

流量产品，是指用来达成受众流量关注及购买行为转化的产品，能够为品牌建立整体的获客基础。流量产品通常又可以分成两种：高关注产品和入门款产品，这两种产品分别对应获取关注和转化购买的目的。

高关注产品具备话题热度，容易吸引眼球，往往是品牌的潮流新品或市场关注的热点趋势。它们是品牌当下的热门新品，符合品类潮流趋势，是传播意义上的爆款产品。比如，戴森通过电吹风，成功进入个人护理电器品类。从流量的角度来说，电吹风曾经也是高关注产品，但卷发棒上市后就更具话题性，因为相对来说，卷发棒是新品，容易吸引眼球，而电吹风却已经不那么新鲜。当卷发棒上市一个阶段之后，直发器又成了新的流量产品。2022年第一季度，戴森又进入了可穿戴式设备领域，推出了极具话题性的空气净化耳机,毫无疑问这又获取了大量的流量和用户关注。

高关注产品,通常也来自高关注品类。关注度,指的是吸引受众注意力的难易程度。有些品类(如奢侈品、时尚用品)即便购买的用户不多,但依然能赢得受众的高关注度。而有些品类(如米面粮油等基础生活物资)即便人群渗透和购买频次极高,也很难获得受众的关注。比如,你可能会关注你的同事今天拎的是什么品牌什么型号的奢侈品包包,但未必想得起自己家昨天煮的是什么品牌的大米。高关注度品类和产品,更容易在大众媒体和社交媒体上吸引关注、引起讨论和激发进一步的兴趣行为。

因此,当品牌制定投放策略时,可以通过高关注产品实现用户的流量获取和注意力转移,达成和用户的品牌接触,再进行深入沟通、实现销售转化。比如,在社交媒体上进行卷发棒产品的投放,很多受众会被这款全新的黑科技产品吸引,产生点击、搜索和进店等兴趣行为。但最终这些消费者未必都会购买,甚至有不少用户在店铺内容、广告复投和大促机制的影响下,最终购买的是电吹风这种相对成熟的产品。

入门款产品,则是最容易形成新用户首次销售转化的产品。它们是销售意义上的爆款产品,经常成为品牌销售量占比最高的部分,尤其是在品牌用户规模快速增长的阶段。入门款产品常常是品牌的招牌,但必须有着较低的购买门槛。一方面是产品价格相对较低,另一方面是产品品类本身的渗透率相对较高。举个例子,对很多奢侈品牌来说,价格较低的配件类产品往往是入门款产品。用户对于奢侈品牌有着较高的关注度，但这些品牌的代表性产品（比如箱包）往往价格昂贵，因此很多用户都是通过配件、小件产品实现品牌的第一次购买。但是，要成为高效的入门款产品，不仅要有相对较低的价格门槛，品类也需要有较高的渗透率。比如在中国市场，相比起袖扣、领结这样的小众品类，钱包、领带显然能成为更多人选择的入门款产品。

当然，高关注产品经常可能就是入门款产品，尤其是大众消费品。这时，流量产品就成为传播和销量双重意义上的"爆款产品"。消费者冲着爆款去，最终也购买了这些产品。比如很多国货彩妆品牌都会选择口红来打造爆款。一方面口红便于通过视频和图文进行展示，以吸引流量关注；另一方面，单价和忠诚度、关心度因素也让消费者有着更低的选择门槛。

值得注意的是，即使是在同一个品类，行业趋势和消费者偏好都是一样的，领导品牌和挑战品牌在流量产品的品类选择上也经常是有差异的。

举个例子，作为一个猫粮的宠物食品品牌，我们应当选择猫主粮还是零食作为流量产品？我们认为，领导品牌更应该选择主粮。因为在养宠人群不断增加的行业大背景下，领导品牌的策略应当是获取品类新客。作为新宠物主，一定是先考虑主粮的选择，然后再产生零食的连带购买行为。因此，领导品牌需要通过主粮来获取新用户，进而通过零食来产生连带销售、提升用户产出。但如果是挑战品牌、跟随品牌，选择零食作为流量产品则可能更有机会。因为养宠人群在主粮选择上通常只选一个品牌且有一定忠诚度,所以由于用户选择更加谨慎,品牌之间的竞争会更加直接和激烈。但零食则不是非此即彼的,用户可能会尝试多个品牌、多种产品,选择随意性更强,品牌竞争也不那么直接。因此,对于挑战和跟随品牌来说,零食品类可能更有机会以较低的营销成本实现用户的首次购买。

价值产品

价值产品,指的是那些彰显品牌价值、体现品牌主张、树立品牌形象的产品,也常常被称为品牌的代表品项。价值产品,通常是指出现在品牌形象广告、店铺橱窗和官方网站等重要形象媒介上的产品,也是提及某个品牌时会在用户和受众脑子里浮现出的产品。作为品牌的代表品项,价值产品往往会出现在那些高关心度或高关注度的品类中,对于目标用户的心智形成起着重要的作用。

关心度,指的是用户在进行购买决策时投入时间和精力的多少。针对高关心度品类的产品,用户的购买决策会更加谨慎,决策周期也更长,比如汽车、奶粉等。高关注度品类能够吸引更多受众的注意力,而高关心度品类则在用户购买决策中获得了更多的主动了解。这两种品类拥有与用户更多、更深入的沟通机会,最终影响用户对品牌价值认知的心智。

在产品体系中,价值产品未必能够帮助品牌获取更多新客,也未必能够带来更高销量,但是却能够影响品牌整体从拉新获客到运营产出的整体效率。比如，路易威登的价值产品毫无疑问是箱包。正因为在箱包品类上的产品地位，路易威登才建立了整体品牌价值。而这样的品牌价值，让品牌在流量产品的拉新获客、销量产品的持续产出上，都赢得了更高的效率。试想一下：如果没有箱包产品，路易威登的品牌价值会受到多大影响？路易威登的其他产品还会有人关注吗，还能卖得动吗？

销量产品

销量产品，顾名思义就是用来提升用户贡献、赢得品牌销量的产品。品牌通过销量产品的布局，来提升用户的整体产出贡献。有些销量产品同时也是品牌的流量产品，即"销售爆款"，还有一些则是组合产品或连带产品。比如一些品类的耗材类产品，可以帮助提升消费者的客单价、连带率，同时提升复购频率，保持长期黏性。

这类销量产品的单品销售量和销售额未必很高、很集中，但因为数量较多，有机会形成可观的整体销量，比如服饰品类的裤子、配饰类产品。在服饰品类中，上衣通常具有更强的展示效果、更高的彰显价值，所以更容易产生流量产品和价值产品。但从服饰搭配的场景上来说，裤子、腰带、包帽等产品也是搭配必不可少的部分。在用户购买了本品牌的上衣之后，品牌可以通过丰富产品结构、完善场景搭配，来进行连带和组合销售。更多品类的购买，不仅能提升整体销售贡献，也是增强用户黏度、延长生命周期的有效方法。

更重要的是，在品牌整体营销体系中，销量产品能够提升单位用户的运营产出，从而为前端获客提供更多的营销子弹。

我们以万宝龙品牌作为案例，来分析其产品角色分工。万宝龙品牌的产品横跨多个品类，非常丰富，从最经典的书写工具——笔（属于文具类），到箱包配饰，再到美妆品类的香水等。这些产品的品类布局，都是针对高端商务人群、围绕高端商务场景进行的。那么，不同品类的产品到底都扮演了什么营销角色？

在客户获取阶段，新客的高潜人群是本身已具有一定品牌认知度和认同度的顾客，特别是具有一定商务属性和高端送礼需求的人群。针对这样的人群，品牌利用天猫平台的"U先试用"推出了一款香水。通过香水这样高渗透、低门槛的品类，可以更高效地吸引品牌目标人群，实现初次转化。万宝龙香水，就是品牌实现拉新获客的流量产品。除此之外，在万宝龙最核心的书写工具品类，推出一些价格相对较低的笔作为入门款，也能取得很好的引流效果。这些产品能够更好地吸引和转化对品牌有兴趣但从未购买过的新客。

通过香水和入门款笔实现拉新获客之后，我们又发现，这些人群对腰带和钱包这样的品类也产生了大量的浏览，表现出较高的兴趣。数据显示，其中有一部分人群是给男性送礼的女性人群，而她们经常在购买时会担心款式是否能让对方喜欢。因此，针对这类人群的精准需求，万宝龙设计了一个皮带的礼盒。用户在购买之后可以线上赠送给对方，而收到的用户可以在指定的3个款式里面任选一款自己喜欢的产品。这个礼盒的目标人群和需求洞察精准，在送礼场景上实现了较高的持续产出。同样的礼盒方式，万宝龙也用在了书写工具礼盒上，不断提升拉新获客之后的运营产出。

那么，顾客心智中的万宝龙是什么产品？相信很多人的答案都是——笔，尤其是高单价的大班系列、主题限量产品。除此之外，还有更高关注、高关心的品类——腕表。这样的产品，可能很难一上来就实现新客的购买转化，甚至未必在品牌整体的销量中占据最高份额，但却是品牌不可或缺甚至是最为重要的部分。因为没有笔和腕表，就没有万宝龙，它们才是品牌的价值所在。价值产品，影响着万宝龙的品牌地位，从而进一步影响其所有产品的拉新获客和运营产出。

3类产品不同的角色分工，分别帮助品牌实现持续的新客获取、运营产出和品牌价值打造，共同实现了品牌整体的高效营销和持续增长。

（3）品牌的跨品类延伸策略

当品牌发展到一定阶段，就要面对品类规模增长放缓、品类渗透趋于饱和的状况，这时就需要思考如何进行跨品类延伸。跨品类延伸，可以从品牌核心人群的使用场景和需求拓展角度进行思考。比如，茶叶品牌的消费者在使用场景中一定会有茶具甚至茶点，而婴幼儿奶粉品牌的消费者一定也会有玩具、护肤甚至保险等其他相关需求。但如果这种品类延伸偏离了品牌定位、稀释了品牌价值，则应当启用新品牌进行跨品类延伸，或者仅仅进行异业合作。

在同一品牌下的产品品类拓展，必须紧紧围绕品牌的核心价值进行，具体可以分为以下3种类型。

品类专家

这类品牌的核心价值代表某个品类专家形象，其地位已经是某个品类中的领导品牌。因此，该品牌可以在现有大品类的内部或边缘，从强势品类或高价值品类向下进行延伸。

举例来说，美的电器的品牌价值，就属于品类专家。而美的的产品品类拓展，就是在家电大品类中不断进行延伸，从厨房电器到各类小家电。在每个细分品类中，美的往往都能够占据领先的市场份额，这依靠的就是品牌在家电大品类中的专家形象。同时，美的的延伸策略也是从强势和高价值品类向下进行的。美的是依靠冰箱、洗衣机、空调这三大白色家电品类建立起大牌、专家的品牌价值，然后向厨房电器及各类生活小家电延伸。但是有些品类，却是美的不敢轻易涉足的，比如电视机。这是因为三大白色家电和电视机相比，就谈不上强势品类或高价值品类了。

而这种品类延伸方式，大大摊薄了品牌传播费用。在一些非常弱势的品类（比如电风扇）中，消费者本来就不知道有什么品牌，美的就成为少数的知名品牌。而在一些存在个别知名专业品牌的品类（如厨房烟灶、电水壶等）中，美的至少也可以用"大牌低价"

的方式去抢夺市场份额。

核心技术

品牌核心价值的第二层次是核心技术。如果说品类专家的延伸方式更多是在人品类内部或边缘，那么通过核心技术，品牌有时就可以向一些全新品类进行跨越。

比如，戴森品牌的核心技术，是围绕其"气流倍增"马达展开。消费者对戴森的品牌核心价值认知，主要是两个方面：第一是独特的"气流技术"，第二是产品的工业设计。而戴森的产品品类延伸，也主要是在此基础上进行的。从最初的吸尘器、空净等环境清洁产品，到电吹风、卷发棒等美发护理产品，再到其2022年上市的首款可穿戴式设备——空气净化耳机，都是围绕独特的"气流技术"进行拓展，也都体现了独有的工业设计风格。

同样的例子还有中国品牌云南白药。云南白药的品牌核心价值，就是围绕"止血功效"的中医药技术。正是围绕这一核心技术，云南白药成功从医药用品品类跨越到了牙膏日化品类，并且成为领导品牌之一。

品牌精神

最高层次的品牌核心价值，往往是其独特的品牌精神。品牌精神通常适合于在精神需求属性较强的品类中建立并延伸。比如，迪士尼品牌的核心价值是把欢乐带给所有人，这种品牌精神主要是通过影视和乐园来建立，进而延伸到酒店、服装、文具等众多精神需求属性较强的品类。

通过品牌精神来建立核心价值、进行品牌延伸，需要品牌有自己独特的价值观，更需要长期的坚持和培育才能真正建立市场的认知和认同。举例来说，MUJI（无印良品）就有着独特的品牌价值观——没有品牌标志，产品依然优质。这背后更体现了拒绝标签化、追求内在生活品质的生活态度。无印良品将这种理念通过生活杂货来进行落地，渗透到了众多品牌，进而还延伸到酒店这样的全新行业。再比如，维珍这个品牌的跨品类延伸更是毫无关联性，从娱乐、电信、饮料到航空、航天。如此大幅度地跨品类延伸已经完全无法依靠品类专家和核心技术来完成，但维珍却有着自己独特的品牌精神——离经叛道、挑战传统。

增长策略的核心：人货匹配

人群和品类，是构成品牌增长策略的两个核心维度。从人群策略（核心人群和机会人群）到品类策略（品类选择和布局）的制定，人货组合共同构成了品牌的核心增长策略。在人货组合的基础上，品牌再进一步规划相应的营销场景，形成人货场的品牌增长策略组合。

如图3-7所示，我们可以从存量和增量的维度，将人群分为核心人群和机会人群，将货品分为成熟品类和机会品类，形成人、货的存量/增量矩阵，来分析品牌的核心增长策略。这样，我们就将品牌的核心增长策略，分为4个象限。

- 核心人群、成熟品类（存量货找存量人）：现有成熟产品，满足核心人群；
- 机会人群、成熟品类（存量货找增量人）：现有成熟产品，进行新人群破圈；
- 核心人群、机会品类（存量人找增量货）：针对核心人群，延伸新品类、提供新产品；
- 机会人群、机会品类（增量人找增量货）：通过新品类、新产品，满足新人群。

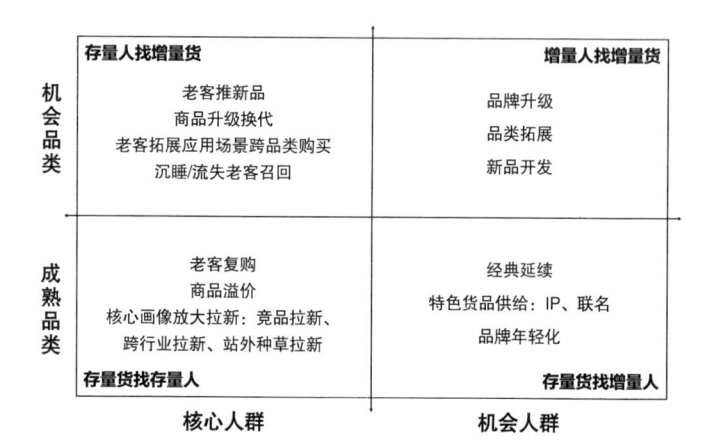

	核心人群	机会人群
机会品类	存量人找增量货 老客推新品 商品升级换代 老客拓展应用场景跨品类购买 沉睡/流失老客召回	增量人找增量货 品牌升级 品类拓展 新品开发
成熟品类	存量货找存量人 老客复购 商品溢价 核心画像放大拉新：竞品拉新、跨行业拉新、站外种草拉新	存量货找增量人 经典延续 特色货品供给：IP、联名 品牌年轻化

图3-7 人、货的存量/增量矩阵

下面，我们通过蕉下品牌的案例，来更好地阐释该矩阵在品牌增长中的应用。

蕉下品牌创立于2012年，是通过防晒伞品类切入市场的。当时防晒伞市场并没有特别突出的头部品牌，天堂伞这样的传统雨伞品牌虽然有一定知名度，但是产品特征并不明显。市场上同质化产品过多，价格战也比较严重。接下来，我们通过人、货的存量/增量矩阵的4个象限，来分析蕉下品牌的目标人群与产品发展路径。

（1）切入市场——核心人群、成熟品类（存量货找存量人）

首先，蕉下通过防晒伞切入市场，将追求防晒需求中的品质及颜值的用户作为品牌核心人群，把防晒伞做成了品牌的成熟品类。

蕉下通过防晒伞切入市场，其产品特征明显。首先是创新地采用了黑胶防晒涂层材质，同时一改常规防晒伞外面印花的外观，变成外层纯黑，而在伞内面印上极具设计感的花色，让"小黑伞"成为第一个经典爆款。而另一款"胶囊伞"更是因重量轻、尺寸小且易于携带的胶囊外壳设计，成为另一个拳头产品。

蕉下防晒伞的定价超过200元，远超市场同类产品价格，但这些产品在推出后很快就成了爆品，证明在这之前品质及颜值党的防晒需求存在但并没有被市场满足，所以一时间市场上也出现了很多雷同产品，虽然价格更低，但是蕉下却通过更好更贵的产品占领了这个新的市场，并凭借这第一个品类建立了初步的消费者认知。价格是品牌和产品定位中非常重要的一个部分，它决定了消费者在消费能力维度上的细分目标，是购物能力的核心标签，它的定位同样需要我们像品牌定位一样，研究市场、研究竞争对手并找到那个跟品牌和产品符合的价格心智区间。

（2）核心人群场景拓展——核心人群、机会品类（存量人找增量货）

接下来，蕉下针对防晒需求中的品质及颜值党这个核心人群，拓展到了更多防晒场景下的机会品类（防晒衣、防晒帽、防晒口罩等）。

沿着防晒这个大需求场景，蕉下对自己的产品进行了品类拓展。针对有防晒需求的品质及颜值党，蕉下进一步推出了防晒衣、防晒帽和防晒口罩等一系列产品来强化防晒心智，提升防晒用品市场渗透率。比如防晒帽，除了黑胶防晒涂层材质外，还采用了独特的贝壳形大帽檐设计，并且可以卷起来成为一个发箍，既好看又便携，同时大量KOL内容种草以及"自来水"传播，使得这款防晒帽成了2021年夏天的一个大爆款。相似产品层出不穷，但这并不妨碍蕉下巩固其高品质、高颜值防晒用品的心智，成为这类用品的头部品牌。

（3）基于功能面料延伸新品类、新人群——机会人群、机会品类（增量人找增量货）

此后，蕉下进一步将女性休闲鞋服作为机会品类，来拓展全新的机会人群——追求舒适出行的女性消费者。

防晒场景具有明显的季节性特征，通过防晒伞切入市场、防晒场景拓展品类之后，蕉下如何继续增长呢？特别是在即将到来的秋冬季节，防晒用品这个赛道季节性太强，蕉下想要继续扩大市场规模，就一定需要跨季节性的新品类。

于是在2021年，蕉下推出了女鞋和其他服饰产品。其先后推出板鞋、马丁靴、雪地靴甚至是内衣，每个产品的操作方式基本是一种款式只出一款，采用最经典的版型作为基础，配以多种颜色，同时这些产品都突出了轻便、柔软等卖点，比如其马丁靴采用了非常规的纺织布面料，跟市面上皮质硬挺的马丁靴相比，"柔软轻便"就是其主要卖点，同时结合大量社交传播引流，推出市场后这款马丁靴的销量就排在了马丁靴类目的前列。

熟悉女鞋市场的人知道，这个赛道近年表现很不乐观，以天猫渠道为例，大盘体量下跌明显，大部分品牌都是负增长，但是在女鞋市场当中也有个别品类表现突出，比如马丁靴、切尔西以及其变形的烟筒靴等。很明显，蕉下并不是打算做成一个大而全的服饰品牌，在产品类型的选择上，先是准确地锁定了其中几个最有机会的优势品类来抓流行趋势的红利，然后再加上品牌核心特征形成关键卖点，最终打造出了这几款产品。

（4）成熟产品的人群破圈——机会人群、成熟品类（存量货找增量人）

最后，蕉下又在防晒伞这个成熟品类下进行了人群破圈，渗透到更多机会人群——男性、情侣、儿童、车主等等。

随着这种品类的拓展，市场也随之扩大，从单一防晒场景人群扩大到了更多生活和搭配场景人群。同样对于伞这个核心产品以及小众人群，蕉下也不断地进行更新，推出更多符合大众人群的多种花色的晴雨伞，逐步从小众场景需求扩大到了更加大众的人群。

如图 3-8 所示，从核心成熟品类防晒伞到核心人群防晒场景下更多防晒用品的拓展，再到女性人群多种经典鞋款的延伸，蕉下基于功能科技，沿着其户外生活美学的核心品牌精神，不断通过新品创新来扩大市场和提高渗透率，其中精准的产品开发和爆款全域营销则是其最重要的能力。

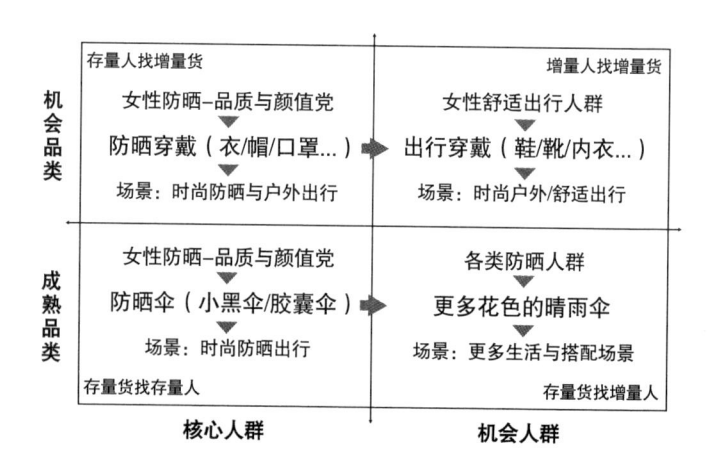

	核心人群	机会人群
机会品类	存量人找增量货 女性防晒-品质与颜值党 防晒穿戴（衣/帽/口罩...） 场景：时尚防晒与户外出行	增量人找增量货 女性舒适出行人群 出行穿戴（鞋/靴/内衣...） 场景：时尚户外/舒适出行
成熟品类	女性防晒-品质与颜值党 防晒伞（小黑伞/胶囊伞） 场景：时尚防晒出行 存量货找存量人	各类防晒人群 更多花色的晴雨伞 场景：更多生活与搭配场景 存量货找增量人

图3-8 蕉下品牌的增长策略路径梳理（人、货的存量/增量矩阵）

—— 第四章

精准试错

几乎所有的数字媒体在当下都有了社交的功能。行业机构每年发布的行业报告中,"数字媒体"悄然变成了"社会化媒体"。在社会生活的各个领域,"社交功能"更是随处可见。举个例子,追剧是现在很多人闲暇时的一种消遣,如果脱离了弹幕,追剧似乎就一下子变成了一件很无聊的事,而在过去,大家关注的只有剧情。虽然这只是大众社会生活在社交媒体全覆盖下的一个小小剪影,但从侧面印证了社交媒体时代的到来。

用户在媒体上不只满足于被动接受信息,更是在积极主动地创造内容——比如,图文下的评论、视频中的弹幕等等。电商平台上用户的评论更是直接影响着交易。而媒体也不再是唯一的信息制造者,甚至不是主要的信息制造者。今天的社交媒体只是内容平台的搭建者,信息主要来源于用户的共创。从品牌传播的内容营销角度看,信息主要由3个部分组成:PGC(Professional Generated Content,达人生产的内容)、UGC(User Generated Content,用户生产的内容)和BGC(Brand Generated Content,品牌生产的内容)。

那么,在这样一个社交媒体的大环境下,品牌应该怎样做传播呢?值得注意的是,这里强调的是传播,而不再是投放。**投放**

只是用钱买流量,但传播更重要的是"视人为人"。在数字化媒体的驱动下,很多企业这几年在做传播时,产生了一个很大的观念误区,那就是把用户当作"机器"——所有人都只是盯着数据看,却忘了每一台设备的背后其实都是一个个活生生的人。

所以,今天品牌要做的是一场针对目标受众的社交传播,而不只是在数字平台上做一个比特化(或数字化)的信息传输和展示。

数字时代的传播投放

如何做社交传播?在解答这个问题之前,我们有必要先来了解一下传统媒体时代的传播模式,然后再将其和当下的传播模式进行对比,这样才能更好地抓住数字时代传播模式的本质。

(1)传统媒体时代的传播:深思熟虑之后的一场"豪赌"

如果用一句话来总结传统媒体时代的广告传播模式,那就是——深思熟虑之后的一场"豪赌"!之所以这样说,是因为在过去,企业的广告费投入巨大,而且"开弓没有回头箭"。比如,品牌如果想在央视打广告,费用通常会以亿元为单位,而且无法进行实时的监测反馈和优化调整。巨额广告费用投进去便无法收回,无论最后的结果如何。这场"豪赌"可以用4个"大"来概括和形容,那就是——大传播、大渠道、大媒体、大创意。

投入如此巨大,而且"开弓没有回头箭",所以品牌在投入之前必然要经过一个漫长的准备过程。很多广告的投放通常提前一年就开始准备了，整个过程十分繁复：市场研究、策略制定、创意提案、脚本测试、广告制作……在这个过程中，咨询公司、调研公司、广告公司以及一些制作公司也都会参与进来，最后才会制作出一条正式的广告片，然后就是大手笔的传播投放、大面积的渠道渗透。

为了能让广告的传播效果最大化，很多品牌选择的都是类似央视这样的大媒体平台。因为当时它们还没有办法精准触达目标人群，只能采用这种"大面积撒网"的办法。广告主会紧盯住GRP[①]（Gross Rating Point，总收视点，又称"毛评点"）这个指标，GRP代表了广告预计能够覆盖目标人群的百分比以及频次。通常来说，覆盖率要达到80%~90%，而且这些被覆盖的目标人群至少要看过三遍广告，这个广告的效果才能得到基本保障。同理，品牌过去在各渠道上的人群触达也无法做到十分精准，因此必须把商品铺到几乎所有最主流的渠道中，才能保证被广告覆盖到的目标人群，走到哪里都可以买到你的商品。

总之，传统媒体时代的广告传播就是一场通过大传播、大渠道、大媒体、大创意进行的"豪赌"，一年一次，成败在此一举。然而，到了数字媒体时代的今天，科技在发展，行业在进步，整个社会的营商环境也发生了巨大的变化。那么在这个大背景之下，传播

---

① 媒体传送量的计量单位之一，即在一定期间内所有投放档次收视率的总和或以到达率乘以平均接触率，也称为毛评点。

又发生了哪些变化呢?

(2)数字媒体时代的传播:高度的确定性和不确定性

与传统媒体时代不同的是,在数字媒体时代的今天,用户的任何行为都可以被数据记录下来并进行追踪。而这也直接导致了数字化媒体同时具有了两个截然相反的特性:**高度的确定性和高度的不确定性**,而且二者是共生并存的。

高度的确定性,主要是指在微观层面,也就是从品牌传播的局部视角来看。具体体现在以下3个方面。

用户比特化

从微观上,我们去看一个用户或一群用户,都是确定的,因为用户已经实现了比特化。比特是从英文BIT(Binary Digit)音译而来,是一个计算机专业术语,指的是二进制数字中的位,也就是信息量最小度量单位。那么,什么叫用户比特化?举个例子,过去我们认识某个人,基本都是从名字开始的,但现在我们认识某个用户,基本上都是从用户的(移动或PC)设备地址开始的。手机几乎已经进化成了人类的一个"器官",每个用户都可以通过一台手机或其他电子设备被定义、连接和追踪。而对于用户的相关行为和特征,品牌营销人员也都可以用比特化的信息进行记录。

效果数据化

过去投放广告,往往只能事后追踪。能确定被数据化的投放效果往往只有 GRP，媒体审计只是在追踪"有没有投放"，但根本无法即时获取投放效果数据。但是今天做了投放之后，我们可以通过一系列数据实时看到用户的反馈行为，包括点击率、跳出率、转化率以及 ROI（投资回报率）等，也就是说，所有的效果都已经被数据化。

投放程序化

传统媒体时代的投放，更多是针对媒体点位（一般指媒体投放的具体位置）和内容来制订投放计划。我们可以确定在什么媒体点位，什么时间，播放什么内容，但却无法针对具体目标用户对象和行为的出现来实时调整投放内容。但是，今天的投放已经截然不同，你可以写一个程序，设置好投放的时间、情境以及方式。通过程序化的规则条件设定，你就可以对特定用户、特定行为、特定场景进行特定内容的自动化投放。

今天，程序投放的技术已经相当成熟，而且开始被很多数字媒体采用，比如巨量引擎信息流的"智能放量"就是典型的程序化投放，只不过它是平台提供的程序化的投放功能，对于投放的条件设定也比较宽泛模糊。使用"智能放量"时，广告主可以选择地域、性别、年龄、行为兴趣等比较宽泛的标签，让系统自动推荐潜在目标人群进行投放，再根据产生转化行为的用户，继续去探索系统推荐之外的相似人群，并加大投放量。

尽管现在的数字媒体在微观层面显现出了高度的确定性，但站在宏观层面，从品牌传播的整体视角来看，无论是用户触达还是效果控制，都充满着高度不确定性。主要体现在以下3个方面。

流量分散，变化迅速

媒体和触点的分散，带来了流量的极度分散。同行常有人开玩笑说：媒体已经不是碎片化，而是粉末化了。同时，媒体流量变化迅速，红利来得快去得也快，营销人很难掌握流量和平台的变化趋势。尽管笔者在营销传播行业已经从业20多年，但依然无法预测接下来还会出现哪些变化，因为这个行业的迭代速度实在太快了！

笔者所在的众引传播，大约在2009年开始接触互联网媒体和数字营销，彼时BBS论坛和博客正当道；一段时间之后，论坛博客开始没落，一个叫"开心网"的神奇网站迅速崛起，带我们认识了什么叫SNS社交网站，相信很多人都曾有过在"开心农场"半夜"偷菜"的经历；开心网风光不再之时，微博开始风生水起，当时有一个客户让我们做他们品牌的微博运营，但我们也没有经验，只能摸索着边做边学；后来微信来了，它的出现开始倒逼微博的整个生态发生变化；再之后，抖音、小红书、快手平台陆续强势来袭；同时，中国第一家弹幕视频网站A站（AcFun）在成立10多年之后被快手收购，而后来者B站（Bilibili哔哩哔哩）却和Z世代一起进入品牌营销的主流视野。

在整个数字媒体生态变化如此迅速的背景之下，从BAT（百度、阿里巴巴、腾讯）到新BAT（字节跳动、阿里巴巴、腾讯），谁也无法预测未来几年还会不会出现新的互联网巨头，或者是细分领域的一些独角兽。总之，从宏观层面来看，流量很分散，变化也非常快。

平台割裂、算法黑箱

平台割裂指平台之间存在的链路和数据割裂。虽然目前微信对话框可以直接跳转到淘宝，也能显示链接，但是淘宝商品依然无法一键分享到微信，还是只能复制粘贴。哪怕未来在政策的导向下能够实现用户访问行为的打通，数据和算法的割裂也不可避免。这就导致品牌全链路的营销传播效果难以得到精确的追踪与保障。比如，品牌在淘宝投放不同素材广告，可以通过数据追踪清晰地看到每个素材带来的不同转化效果，但如果在小红书上投放达人笔记，品牌虽然能在小红书后台看到笔记阅读的互动数据，也能在淘宝后台看到商品搜索量和转化率的变化，但对于具体是哪篇或哪类笔记带来更多的搜索、更高的转化，阅读互动率高的笔记是否搜索转化也高等问题，就不得而知了。

另外一个就是算法黑箱。一般来说，媒体的内容分发方式可以分成两大类：一类是社交分发型，另一类则是算法分发型。

社交分发型媒体的主要特征是基于社交关系进行内容传播，也就是说，谁关注了你，谁就能看到你的内容。关注你的人看到你的内容之后，必须转发给别人，别人才能看到，微信最开始的时候就是一个绝对的社交分发型媒体。因此，在这一类平台上，如果你想保证自己的传播度，最好的方式就是找到头部大号，因为他们粉丝够多，而且他们能够保证转发的内容粉丝都能看到。

而算法分发型媒体，就是指通过算法来测试你的内容是否受欢迎的一些平台，其中最有代表性的就是字节跳动旗下的抖音等平台。抖音分发模式的大致逻辑是：你发一条视频，抖音会给你一个初始流量池，比如投放200人进入初始流量池后观测投放的效果。如果阅读量、完播率等指标比较理想，抖音会接着为你进行下一级放量，以此类推、逐层放大。同理，达人粉丝数并不一定能为传播效果带来强有力的保障，因为算法会对内容进行小流量池的测试以决定是否被分发到下一级更大的流量池。然而，平台的算法都是不公开的，因此对于品牌营销方来说，算法分发型媒体具有很强的随机性和未知性。

制播融合，形式多样

说到制播融合，我们得先来了解一下什么叫"制播分离"。制播分离是广告界的一个术语，大意是说投广告和做广告是完全分开的，做广告的只负责做广告，做完之后再去找媒介公司做媒介策略，然后进行投放。之所以会有制播分离，是因为传统媒体时代的媒体形式（以电视、广播、报纸、杂志、户外为主）和广告形式（视频、音频、平面）都相对单一。广告内容统一制作后，虽然可以在不同的媒体平台进行播出，但其实只是在格式、版式上做些调整。

在传统媒体时代的广告公司里,一个创意总监一整年主要负责的任务大概只有3项:一句Slogan(广告口号)、一个KV(主画面)、一条TVC(广告影片)。Slogan是其中比较关键的一项,Slogan确定之后,剩下的两项就相对好办了。KV做好之后,一般来说会交给公司的美术团队完稿,做出各种尺寸。制作公司做好TVC之后,会剪辑成5秒、15秒、30秒等不同时间的版本,或者再加一个45秒、60秒的导演版。

但是到了"制播融合"的现在,这件事变得不同了。媒体形式更为丰富,因此就产生了"原生广告"的要求——需要根据不同媒体的特定环境和特征,制作不同形式的广告。而在社交媒体平台,播广告的人就是做广告的人,而且每一个关键意见领袖(KOL)都有独属于自己的调性,相互之间的内容和风格都不相同。如果直接简单粗暴地将他们的风格或脚本进行调换,那么他们就会失去特色,甚至失去粉丝。举个简单的例子,如果让其他主播用李佳琦的语气来直播,那么大概率会失败。所以,如果你今天要投100个达人,就需要100条视频;而且,如果投放的平台不一样,那么长视频和短视频的做法也会大不相同;或者,如果你想在小红书和知乎上各发一篇文章,内容和形式也必须针对相应平台的特点来展现,即便是在豆瓣上不同的兴趣小组上发文章,也要有相应的区别。

总之，今天在数字媒体上做投放的形式是非常多样的，这给整个品牌传播带来了高度的不确定性。那么，在这种情况下，数字化给传播带来的真正的变化是什么呢？答案就是对"精准传播"的重新定义。

（3）重新定义精准：基于用户行为链路的精准传播

传统媒体时代的广告投放也讲"精准"，但那是相对的"精准"，是在"覆盖"前提下的精准。

首先，过去的媒体尚未实现数字化，所以无法提供个性化的精准投放服务。电视节目、报纸杂志不可能对不同的受众提供不同的内容，因为传统媒体都是"千人一面"。

另外，对用户的认知和购买行为无法进行追踪。广告主无法预测今天看了品牌电视广告的用户，明天是否会走进品牌的零售终端，以及会走进哪家终端；对于走进零售终端的消费者，之前有没有看过品牌的广告，看过哪个广告，广告主也无从得知。所以，为了实现对目标人群行为链路的打通，让看过品牌广告的消费者在零售终端能买到品牌的产品，确保消费者在走进终端之前就看过品牌的广告，广告主只有通过对目标人群的媒体传播覆盖和渠道终端渗透来实现。一方面，广告投放要大规模覆盖目标人群，达到较高的比例和频次，以保证目标人群的认知记忆。另一方面，品牌还需要进行大规模产品铺货，以保证购买渠道覆盖目标人群。

这就导致了在传统媒体时代，除了全国品牌之外，最多只能诞生区域品牌，却很难诞生小众品牌。

广告行业多年来一直在思考如何节约"那一半浪费的广告费"，但在传统媒体时代，品牌即便知道自己广告费浪费在哪里，也束手无策，因为品牌需要并且只能通过媒体传播和渠道渗透的交叉覆盖，来打通目标人群从认知到购买的链路。即便存在一定的浪费、牺牲掉一些精准传播，也要尽可能实现目标人群覆盖。因为唯有覆盖才能有效，相对的精准也因此才有意义。

但到了今天，品牌可以通过数据工具和数字化手段，对目标用户的行为进行精准追踪，对目标人群投放广告，对看过广告的人群进行二次触达，对有过兴趣行为的用户推送促销信息，对已经购买的用户进行复购提醒。按照阿里巴巴公司提出的AIPL营销模型（awareness认知、interest兴趣、purchase购买、loyalty忠诚）定义，我们可以将品牌营销传播所影响的人群绘制成一个层层包含的关系图（见图4-1）。如果说过去的传播投放是媒体和渠道两个圈的交叉覆盖，那么从这张图我们可以看到，数字时代的传播投放就是一个层层递进的漏斗，同时也是对每一个用户进行行为链路的全过程沟通。

图4-1　AIPL营销模型的人群关系

举个例子，如果我们要对上海25~35岁的女性投放一个护肤品广告。

首先我们可以通过一些数据平台和工具选出符合条件的目标用户人群包，然后选定30个我们认为合适的App进行投放，在这些选定用户打开这些指定App时对她们投放广告。

如果品牌需要让用户看到5次广告（多次广告冲击更易引起用户注意，但超过一定次数边际效益可能递减），那也可以进行设置——在同一个用户打开不同App时对她反复投放广告，但最多只让她看5次，第6次就不投放了。

这样，我们就可以清楚地看到其中哪些人点击观看了我们的广告页面，接下来再针对这些人做进一步的引导（比如投放促销广告），最终将兴趣转化为购买。

而对于购买过产品的人，我们投放的方法和投放的产品也会再次出现变化（比如通过站内私信投放老客优惠和其他连带产品广告），最终目的是让他们变成我们的忠实用户和超级用户，为我们带来更多复购和口碑。

今天，即便是在类似抖音这样日活跃人数达到几亿的大媒体平台上，我们依然可以精准地只针对其中某一部分目标受众进行广告投放，并且可以进一步追踪其行为反馈，对其中的兴趣人群进行再次触达、多次触达，最终实现购买转化和复购运营。

对于细分品牌来说这是一个绝佳的机会。过去，全国任何一个品类基本上都只有大品牌而没有细分品牌，因为想要做到大面积覆盖需要巨大的成本，这是细分品牌无法承担的。不过也有一些地方品牌不去投央视，只投地方卫视，渠道也只覆盖地方范围。

但是今天的数字化媒体打破了区域的界限，而且在打破区域界限的情况下依然做到了精准传播。这便让很多细分品牌有了机会。因为数字媒体时代的广告投放模式，**不仅可以基于人口统计学**（比如特定性别、年龄、地域）**和消费行为特征**（比如看过什么、买过什么）**精准到"用户"，还可以根据受众对广告行为的反应和反馈精准到"用户行为"**（比如点击、收藏、加购、购买、复购等）。

（4）数字时代的整合传播思维：精准到用户和用户行为

数字时代整合传播的核心思维是精准到用户和用户行为。也就是说，品牌传播可以精准到某一群特定用户，而且对于处在不同阶段的用户，我们还可以采用不同的传播策略。与传统媒体时代相比，品牌也需要重新思考传播的"整合"思维，如图4-2所示。

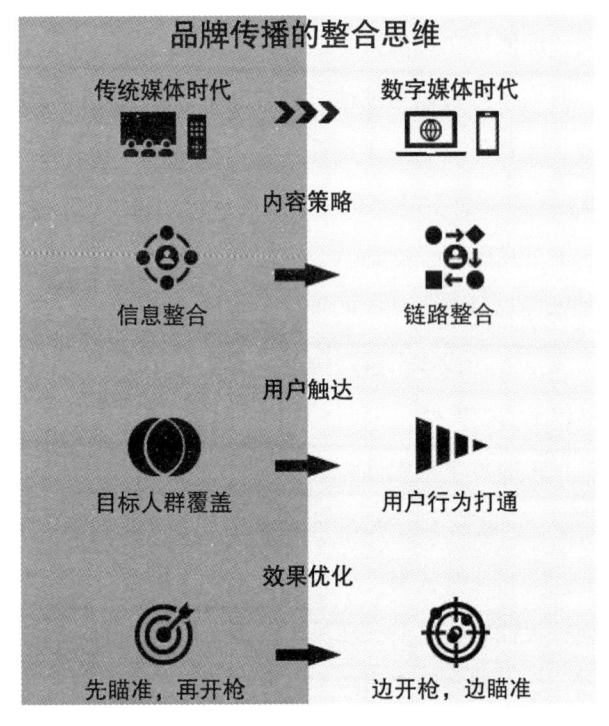

图4-2 传统媒体时代与数字媒体时代品牌传播整合思维的区别

内容策略：从"信息整合"到"链路整合"

传统媒体时代的整合传播，整合的是"关键信息"。知名广告公司奥美在20世纪90年代初提出了"品牌360度整合传播"

理念，强调无论在终端还是在媒体，消费者看到的这个品牌永远在发出一个声音。因为当时无法做到精准地针对某一个特定人群和特定行为进行投放，所以只能被动地让消费者无论走到哪里，看到的和听到的都是同一个形象、同一种声音。这就是传统媒体时代的传播整合，其本质是"信息整合"。

这一点其实很好理解，举个例子，过去我们了解一个品牌，大多是从它的一句铺天盖地、家喻户晓的广告口号开始的，在不同媒体和渠道上看到、听到的都是这句口号，而且在一定时期内基本是不会改变的。比如"好空调，格力造""今年过节不收礼，收礼只收脑白金"等等。

因为无法精准到对特定用户和用户行为进行投放，品牌只能通过统一核心信息的方式，实现用户行为链路的打通，实现"用户到哪儿都认识品牌"。

但是到了今天，信息整合已经成了过去式，链路整合成为王道。消费者的心智和行为改变往往不是只通过一句话，而是通过一个沟通过程。打个比方，如果某品牌可以用四句话就让一个消费者产生购买行为，那么这四句话不用一下子全部讲出来，也不是所有受众都有耐心听完四句。我们先讲第一句，讲完后，如果消费者感兴趣再讲第二句，第二句讲完后如果消费者把产品放进购物车再讲第三句，第三句讲完之后消费者进行了购买变成了客户，接下来再讲第四句，让他成为忠实用户甚至超级用户。所以，今天的整合是把一套信息整合在一个用户的行为链路上。

传统时代你要做的是让"用户到哪里都认识品牌",而今天品牌传播要做的是"品牌到哪里都认识用户"。用户从认知到兴趣再到购买和复购,是一个过程。在这个过程中,品牌与其像复读机一样重复单一的信息,不如在合适的时候说合适的话——把一个完整的信息体系,整合到用户整个购买行为链路的全过程中,在每个阶段逐步影响用户行为的加深。从用户初次看到品牌的广告,到访问电商商品详情页,再到在线客服的话术,甚至收货之后的开箱体验——用户在整个过程中每个环节接收到的信息,连接起来仿佛就是一个完整的故事。这才是今天的整合传播思维——链路整合。

用户触达:从"目标人群覆盖"到"用户行为打通"

正如前面提到的,传统时代的传播模式就是覆盖,媒体传播要覆盖目标人群,渠道渗透也要覆盖目标人群。通过目标人群覆盖,品牌才能实现对用户从认知到购买的触达,从而实现相对的精准传播。在此不再赘述。

到了今天,即便不进行大面积的目标人群覆盖,也可以针对特定细分人群,进行追踪和触达,打通行为全链路的信息沟通和行为转化。因此,我们在传播投放中,不仅要锁定目标人群,也要识别目标人群在消费决策过程中所处的行为阶段。品牌不仅要知道哪些人群是我们的目标用户,还要知道这些人群中哪些已经看过品牌的广告,看过之后哪些人产生了兴趣,发生了哪些行为(比如点击、收藏、加购、搜索等),最终哪些人产生了购买行为,又有哪些人产生了复购和推荐。只有这样,品牌才能通过一次次更有针对性的传播投放,促使目标用户的心智逐步改变、行为不断加深,进而更高效获取新客、留存老客、提升产出、促进推荐。

效果优化:从"先瞄准,再开枪"到"边开枪,边瞄准"

过去的广告投放是大投入、大手笔,整盘计划先行、中途只能微调、事后再做总结,必须先认真瞄准之后再开枪。之所以先瞄准再开枪,是因为从广告费的角度看,打出去的往往不是一发子弹,而是一梭子弹,甚至是一枚巨大的炮弹,瞄不准很可能就导致自己全军覆没。所以必须先请调研公司、广告公司进行反复的测试,然后才会把广告片打出去。

而在今天,数字化工具让我们可以实时获得用户反馈并调整投放手段,甚至可以设定条件进行程序化投放。因此,品牌投放不用一下子打出一梭子弹、一枚炮弹,完全可以"先开枪,再瞄准",在过程中再"边开枪,边瞄准"。

比如,只要确定了人货场这个大方向的策略,接下来就可以找达人做内容、做投放,整个过程其实就是一边开枪,一边瞄准。开一枪之后你可以先看一下,是偏左还是偏右了,然后进行调整;开十枪之后,如果其中某一枪打中了靶子,你还可以暂时停下来仔细分析一下,这一枪为什么会打中,然后再利用这个经验去指导后面开枪的方式。

举个例子,我们可以在抖音平台投放多条短视频,进行"内容赛马",针对初始投放效果较好的视频再进一步加大流量投放,进行更大的曝光。同时，我们也会分析这条视频好在哪里，甚至是第几秒的内容比较好（比如点赞、点击率较高），来指导我们后续的视频内容制作。

当然，这种传播投放模式，要求品牌建立强大的数据分析和数字化营销能力。同时，企业必须有非常快的反应机制，而且要做到快而不乱。在做投放的过程中，不仅要准备多个计划，而且要清晰知道这些计划的目标是什么，即要追踪什么，以及针对这些计划可改善的地方在哪里，进而获得更好的传播效果。总之，在这个过程中，切忌拍脑袋、拍大腿做决定，必须提前做好完整计划才能事半功倍。

社交投放的成果和目标

理解了数字时代的投放模式和对精准的重新定义后，我们来谈谈如何界定社交投放要达成的目标。怎样才算投放成功？对于品牌而言，尤其是在产品刚刚上市，还未进入大量广告投放的阶段，这个问题尤为重要。

（1）社交投放的两大核心成果

从获得持续增长的角度看，**社交投放必须为品牌增长带来两大核心成果——商业资产和认知资产**，尤其是在新品牌、新产品的启动阶段。

什么是商业资产呢？这个很好理解。比如说我们今天拿了钱去做投放，那么这个投放一定要换回一些销量，即便不能换回销量，也要收获一批会员回来，这就是所谓的商业资产。其实就是品牌经常在投放中设定的各种KPI。有时是投放带来的直接销售，有时是未来可以转化为销售的其他用户行为，比如受众浏览、会员注册、搜索行为、用户加购等。

但在数字时代，认知资产其实是比商业资产更为重要的投放成果。它让品牌对前期规划的人货场营销组合有了验证和认知，知道自己错在哪里、对在哪里。它让品牌能够在错误的时候及时止损，在正确的时候放大成功。

比如，品牌在小红书投放了100篇笔记，这100篇笔记的阅读量、互动数、跳转和购买转化等各个指标是投放带来的商业资产。但这100篇笔记带来的商业资产各有千秋，有的变现数据好，有的变现数据差。通过进一步分析，品牌可以总结出好的原因和差的原因，即在人货场营销组合中哪些要素是有效的、哪些是无效的，这样就可以对未来更大规模更多投入的传播投放做出有效的调整，这就是比商业资产更重要的认知资产。它能够让我们在失败中重新找回成功，在成功的基础上获得更大的成功。

商业资产是品牌当下收获的市场基础，是销量、利润和用户，是获客、客单、复购等硬性指标；而认知资产是品牌未来增长的投资方向，是知道自己对在哪里、错在哪里，是对正确人货场组合不断形成清晰的认识，并且能够带来更多更持久的商业资产。

（2）根据品类／品牌特征来界定投放目标

认知资产更多是定性的分析，是对人货场的深入探索、发现和验证，而商业资产则涉及更具体的定量指标，即具体的KPI数字。那么，品牌做社交投放的定量指标怎么定？到底应当以收割为主还是种草为主，是更偏向于销售即时转化还是用户兴趣行为？投放销售转化的即时ROI到底定多高？

这时，品牌可以使用"品牌／产品社交增长矩阵"这个工具（见图4-3），通过"品类决策周期"和"品牌成熟度"两个维度进行分析。

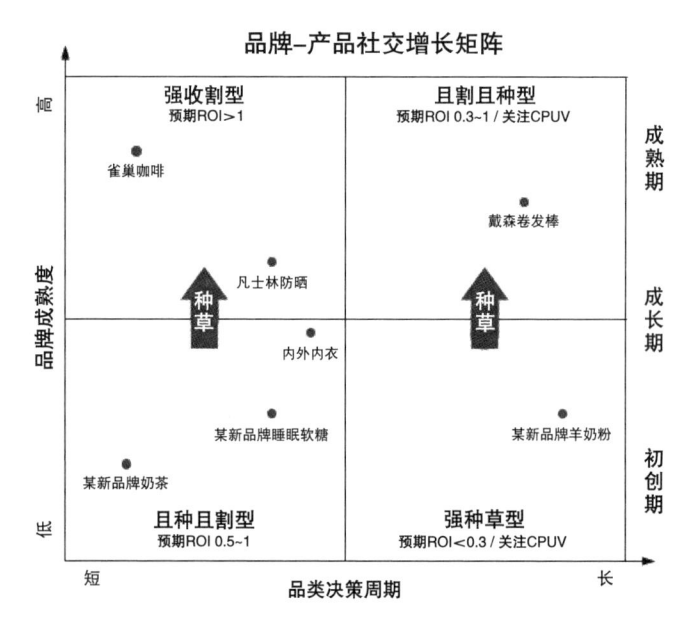

品牌-产品社交增长矩阵

	强收割型 预期ROI>1	且割且种型 预期ROI 0.3~1 / 关注CPUV	
高	雀巢咖啡		成熟期
	种草↑ 凡士林防晒	戴森卷发棒 种草↑	成长期
品牌成熟度	内外内衣		
	某新品牌睡眠软糖	某新品牌羊奶粉	初创期
低	某新品牌奶茶		
	且种且割型 预期ROI 0.5~1	强种草型 预期ROI<0.3 / 关注CPUV	
	短　　品类决策周期　　长		

4-3　品牌/产品社交增长矩阵

影响社交投放即时 ROI 和效果预期的重要客观因素有两个：一个是品类的决策周期长短，一个是品牌成熟度的高低。通过这两个维度，我们可以组成这样一个"品牌/产品社交增长矩阵"，每个品牌/产品根据所在品类的消费者决策周期长短，及自身品牌的成熟度高低，都可以在矩阵中找到自己的位置。

这两个核心维度，将所有品牌/产品大致分在 4 个象限，对应了 4 种不同的投放策略和目标，以及不同的指标侧重和效果预期。

强收割型（第二象限，矩阵左上角）

特征：品类决策周期短、品牌成熟度高。

处于这个象限的品牌/产品，品类决策周期短，用户兴趣停留也短，而品牌又具有较高成熟度，因此很容易促成用户的即时购买决策，在社交投放时应当以即时转化为核心目标，品牌的认知记忆和兴趣强化应当作为辅助目标。

比如，我们给一个知名的咖啡品牌进行社交投放，一般 ROI 都会比较高。这首先是因为咖啡的决策周期都很短，其次是因为品牌成熟度又很高。对于这样的品牌，必须进行强收割。

强种草型（第四象限，矩阵右下角）

特征：品类决策周期长、品牌成熟度低。

处于这个象限的品牌/产品，品类决策周期长，而且品牌比较新、知名度低。这样的产品，在社交投放上，无论你投的是小红书、抖音还是 B 站，都不要指望能够及时转化，因为消费者不是傻子。如果你想买一辆汽车，或者给孩子选一款奶粉，面对的又是不知名的品牌，当然不会立刻买账，所以这样的品牌必须强种草。

处于这个象限的品牌/产品，最需要有种草的耐心。因为用户决策周期长，用户在购买这个品类产品时往往要经历一个漫长的产生兴趣、评估、比较的过程，最终再做出购买决策。同时，品牌成熟度又低，需要先进入用户的认知和考虑范围，再进入兴趣和评估的pk，最终才有机会在购买决策中胜出。因此，品牌制定较高的即时转化ROI是不正确也不切实际的，而是应该把品牌/产品种草作为核心目标。这时候你可以关注两个指标：一个是点击通过率（Click-Through-Rate，CTR），看一下到底有多少人点进去；另外一个是搜索量，也就是有多少搜索转化。很多人可能都会遇到一个问题，那就是搜索转化这个指标在很多平台上没办法进行监测。但是，**数据打通的前提是营销逻辑的打通**。虽然品牌无法直接监测搜索转化指标，但却可以先梳理清楚营销逻辑，只要能够清晰地判断并设计用户行为链路，自然就知道下一个环节去哪里追踪客户行为,不能只是被动指望平台数据的直接打通。

举个例子，很多人应该都有印象，我们在小红书上看到很多品牌做种草，都会给产品起昵称，小灯泡、小蓝管之类的。为什么要这样做？可能很多人会说是因为好听又好记，但实际上也是为了好搜。对于想要种草的品牌来说，好搜是非常重要的。因为很多人在看了小红书之后会去淘宝上搜索，如果你的品牌名称不好搜，那后期的转化率就会受到很大影响。但如果你的品牌很好搜，就可以得到相对完整的淘宝搜索指数的变化，以及后期转化成交的数量。这就是一个打通的逻辑。

且种且割型（第三象限，矩阵左下角）

特征：品类决策周期短、品牌成熟度低

对于决策周期短但知名度不高的品牌来说，应该怎么做呢？那就是且种且割，先种草、再收割。如果你的品牌正处于这个阶段，那么就一定要明白，用户对品牌依然缺乏认知和兴趣，你的核心目的应该是先把品牌做起来，新品牌不要想着第一天就卖货。不过，因为决策周期短，比较容易快速形成购买行为，所以品牌在种草的同时，一定要及时收割兴趣人群。有时，观看一个短视频、一场直播，阅读一篇笔记的时间，就可以快速完成从种草到收割的过程。

消费决策周期越短的品类，用户的兴趣和记忆往往也越短。品牌的核心目标应当是先将品牌放入用户的心智，并同时进行收割。

且割且种型（第一象限，矩阵右上角）

特征：品类决策周期长、品牌成熟度高

且割且种型的产品有什么特点呢？答案就是决策周期长，但品牌成熟度高。处于这个象限的品牌，虽然品类决策周期较长，但品牌已经具备一定的认知和兴趣基础，有一部分高价值兴趣用户可以被及时转化收割。但同时，品牌也需要对潜在目标人群和兴趣人群进行持续种草，一方面是为了扩大兴趣人群的基础，让品牌未来有草可割，另一方面也是基于品类决策周期特征，需要对现有的兴趣人群进行持续种草强化，实现心智和行为的不断加深，最终实现购买行为的转化。

总之，品牌在做社交投放之前，一定要先对品类决策周期和品牌成熟度这两个维度进行分析，合理界定投放目标及侧重点。在此基础上确定相应的投放指标，是更看重收割相关的指标（如即时 ROI），还是种草相关指标（如 CPUV、搜索指数等）。

社交媒体时代的增长方法

针对社交媒体时代的营销特性，众引传播基于服务众多知名消费品牌的实战经验，开发出基于数字化环境和数据化赋能的精准试错方法论——ATOM 模型。

（1）精准试错——从不确定性中找到相对确定性

营销的目的是找到确定性，而当前的市场环境和媒体环境最大的特点就是充满了不确定性，这使得当前的营销活动难上加难。消费者的消费行为变化多端，从以前趋同到现在求异，消费者的认知多样，导致了消费者洞察也多样。同时，媒体环境变化和迭代速度越来越快，从微博到微信，到小红书，再到如今的抖音、快手，媒体平台各有特点，内容形态、人群结构和习惯的差异也较大，即使在同一个平台内，营销工具也在急速更新。所有的这一切都指向了更多的不确定性，而要在这样绝对不确定性的环境中找到相对的确定性，唯有快速试错、快速总结。

要试错，有了快速试错还不够，我们还需要精准试错。虽然大环境不确定性远高于从前，但是也有一个好的条件伴随出现，那就是更纵深更全面的大数据。宏观的数据可以给到趋势预测，微观的数据可以帮助货品内容拆解分析，关键是要懂得从哪里获取数据，如何分析数据，再如何善于利用数据。

在数字媒体时代，品牌要通过社交传播获得商业资产和认知资产的持续增长，就应当以"精准试错"为核心思维。其背后的原因，是算法分发型平台存在较高的流量分发不确定性，单一看某个内容、某条计划的投放，基本上没有人能保证百分之百成功。就算字节跳动的创始人拍一条短视频，也未必就能在抖音上成为爆款。所以我们在算法分发型平台上做投放有两个最基本的投放逻辑。

首先，投放一定要分散。如果你有100万元的广告费用，去投微信这一类的社交分发型平台，那么这时候的投放策略应该是把这100万元投给一个头部达人，因为他能够保证他名下的粉丝都能看到。但如果你把这100万元拆成100份，去投100个小达人，你会发现一点用也没有。但如果你拿这100万元去投抖音，就不能这么玩了。如果你在抖音上把这100万元都押宝在一个达人身上，即便他有很高的粉丝量，也不能保证成爆款。这时候你需要做的是把这100万元拆成若干分，然后进行"头腰底"部的投放组合，那么在这个过程中，一定概率上会有爆款产生。所以在算法分发型平台上进行投放，一定要适当分散。

其次，投放前一定要测试。如果我们在微信这一类社交分发型的平台上做投放，投下去的时候不用测试也大概能知道效果是怎样。因为很多头部大号的粉丝数就代表了一定阅读量的保障，当然能不能有更高的阅读量还要看你的内容以及社交转发能达到多少。但是在算法分发型平台上，即便你投的是一个头部达人也很难保证投放效果，所以测试就是一项必不可缺的流程。比如，你可以先拿出1万元来试投，再拿出10万元来试投，试出效果之后再把剩下的90万进行集中放量。

（2）社媒时代的精准试错方法——ATOM

那么，如何在社交媒体传播中进行"精准试错"？众引传播在服务众多国内外知名消费品牌的实践中，总结出了一套方法论——ATOM品牌社交增长模型。该模型是通过A-T-O-M 4个步骤来进行社交媒体传播的"精准试错"，实现商业资产的持续增长和认知资产的不断清晰。之所以命名为ATOM，是因为它象征着"精准试错"的关键要素——社交投放两大核心成果和4个步骤。

首先，ATOM象征着社交投放的两大核心成果。

ATOM（阿童木）是一飞冲天的机器人，代表社交投放要收获快速增长的商业资产。这是每个品牌都想要提升的硬性指标，其核心就是"要赚得回来，又投得出去"——既有ROI，又能提升投放消耗。

ATOM（atom：原子）又是拥有内部紧密结构的原子组合，象征着品牌在社交投放启动过程中还要为未来更大规模的投放去积累认知资产。这是品牌持续增长必须奠定的基础，其核心就是正确的人货场组合。就像质子、中子、电子的紧密组合才构成了稳定的原子一样，正确的、精细化的人货场组合，才是品牌持续增长和投放策略的核心。

同时，A–T–O–M 又是品牌进行社交投放启动的 4 个步骤。

假设（assumption）：数据支持下的人货场组合定位假设

所谓假设，就是品牌在启动社交投放的"精准试错"之前，先通过数据分析，初步规划人货场的组合，而这也是社交投放之前必须先制定的品牌核心增长策略。先确定品牌要触达的核心目标人群，再分析这些人群应该匹配什么货品以及货品的卖点，最后是设计相应的内容和营销场景。有了这些假设，我们才能进一步去试错，来验证这些假设到底对不对，哪个对哪个不对，哪里对哪里不对。

测试（test）："人货场"细化成内容与达人组合，设定指标/方法，小规模测试

测试，就是对第一步的人货场假设进行验证。把第一步的假设，进一步细化成我们具体的投放内容和投放计划，然后花相对较小的费用来进行投放测试。当然，在这个步骤里，测试指标和方法的设定尤其重要。首先必须设定好指标，然后再去做测试。比如说，我们投 10 篇文章，不能只看结果好不好，重要的是要在这个过程中设置一个指标，如果发现这个指标不理想，还要知道大概怎样去调整，调整之后还要看效果怎么样，是更好了还是更差了。这样投放才是有意义的。

优化（optimization）：实时反馈调优，找到"超级内容"和相应投放组合

在测试的过程中，品牌需要实时根据数据反馈和分析，来调整投放内容和计划，有时也需要优化人货场组合。测试和调优的过程是交替同步进行的，也就是边测边调，并且在取得良好效果时及时放大投放量。在社交媒体的投放中，反馈、调优和放量的及时性非常重要，否则很可能就会错过最佳时机。因为类似抖音这样的算法平台，一条投放计划一旦停下来，很快就凉了。我们来看一个案例——笔者之前服务某个客户的社交投放，有一条短视频在测试优化中出现了非常好的转化效果，但结果一放量就把账户里的广告费消耗没了。由于当时情况发生在晚上，等第二天协调客户各部门完成财务审批和账户充值后，这条短视频的最佳放量时机已经过去了。

放大（magnify）：投放放量、做好承接，实现全链路多级放大和收割

最后一步就是扩大放量。通过不断的测试优化，找到品牌的"超级内容"，然后在全链路放大传播投入和效果回报。

需要强调的是，今天在社交媒体上，我们更需要"超级小内容"

的思维，而非过去的"超级大创意"。不要再想着去拍大片，而是要把拍大片的成本通过达人拍成N个小内容进行投放，再找到效果最佳的小内容急性放量扩大。此外，品牌还要学会在"超级小内容"中去总结内容公式，然后把它推广给其他的达人去做参考。当然，这样做并不是让所有达人都做一样的内容，而是为了告诉他们，你的品牌和产品到底在哪几点上能够打动目标人群。

品牌社交投放，不仅仅是针对某一条内容、某一个计划去放大投放量，更是在全链路上针对正确的人货场组合去放大营销传播投入和投资回报。

这4个步骤的关键要点可以总结为：人货场组合、数据化试错、可复制攻略、全链路放大。也就是说：首先要通过数据分析，制定人货场组合的初步假设；其次是试错一定要通过精细化数据去"试"，千万不要只看单一的阅读互动或者ROI等某个大指标，不好就叫停，好就放量；再次，通过不断优化，努力找到可以复制的内容、计划和策略；最后就是要通过全链路进行效果放大。

基于大数据的前提，根据数据给到的宏观的和微观的指引，进行相对精准的试错和探索，就是ATOM的核心思维。这套思维其实最开始是在互联网领域广泛使用，互联网有个概念叫敏捷开发，即第一阶段以最小的成本先开发MVP（minimum viable product，最小化可行产品），用来进行产品验证。这个MVP就是假设阶段。第二阶段，MVP开发完成后快速推向市场，接受市场的测试，看看是否会被市场认可和接受，这是测试阶段。第三阶段不断对 MVP 进行改进提升，即优化阶段；最后才是大规模的资源投入推广。这一系列的环节中，最重要的是基于市场反馈精准把握调整方向。

接下来，我们将穿插各种案例，为大家介绍 ATOM 模型在社交传播投放中的落地。

—— 第五章

ATOM 增长模型

品牌要通过认知资产的积累,获得商业资产的持续增长。首先就要根据品类和品牌的特征,来确定品牌的阶段性投放目标。在明确了成果和目标之后,品牌就可以用 A-T-O-M 4 个步骤来启动社交投放——也就是我们上一章提到的 ATOM 品牌社交增长模型。

假设(assumption)

传统媒体时代,通常需要品牌负责人或者广告服务商给品牌或者产品确立一个定位,或者一个传播主题。由于消费者行为数据不够充分,最终的决策主要落在了品牌决策人身上。决策人拍板选择 A 定位放弃 B 定位,很大程度上反映的是决策者的个人意志。有时候这种个人意志恰好和消费者意志一致,产品和传播因此就大受欢迎;有时候个人意志与消费者并不一致,最终传播费就打了水漂,所以这里面赌的成分太多。决策人拍板看似是一种自信的"精确",实际上是缺乏数据的"模糊",我们把这种定位方式暂且称为"精确的模糊"。

而在大数据条件发展成熟的当下,我们更接受"模糊的精确"。

消费行为日趋多样化，使得品牌在做消费者洞察时变得更加艰难。天猫根据大数据统计出精致妈妈、资深白领、新锐白领、小镇青年、都市蓝领、资深中产、都市银发、小镇中老年等八大人群，这八大人群中的每一个人群内部尚且会因为消费能力、消费兴趣偏好等因素不同，而消费行为也不同，更不用说不同身份人群之间的消费差异了。在这样的环境下，如果说有人敢笃定某品牌、某产品的定位一定准确，大概率是在夸海口。更客观的做法应当是在有一定数据支持的情况下，做若干种假设，在假设中优中取优，这种看似不自信的"模糊"，反而是客观的"精确"。

任何一款商品，理论上都可以找到欣赏它的买家。某个特定的消费者，欣赏该产品身上某个特定的卖点，想把它买来在某种场景下使用。这里就涉及人群、货品、场景3个基本维度，且3个维度是互相关联的。货品的某个卖点，一定是对某一个特定的人群尤其有吸引力，而这个人群又会在某个场景下优先选择该产品使用，这就是货品、人群、场景的最优匹配。所以，我们没法说一个产品的某个卖点一定是最好的，只能说这个卖点对这一群人是最有吸引力的，而换一个卖点对另一群人同样可能拥有极大的吸引力。因此，我们假设的货品、人群、场景，最终要得到的是一个整体的最优组合。

（1）货品假设：找到真正被认可的卖点，货品才会发光

对产品研发或品牌推广团队而言，货品就像他们自己的孩子。

我们经常发现，大部分品牌方看自家的产品，就像父母看自己的孩子，几乎全是优点，讲起这些优点的时候往往眉飞色舞，两眼放光。传统媒体时代，一条上线播放的片子时长有限，我们经常会建议品牌方在卖点呈现方面做取舍。如果一条只有30秒的片子要讲三五个卖点，最终会导致每一个点都没讲透。但是对于品牌方来说，去掉任一个卖点都面临同等沉重的选择成本，万一刚好去掉的那个就是最好的呢？如此，左右为难。

也有少部分品牌方如每个班级里成绩靠后学生的家长，对自己的产品毫无信心，看人家的产品犹如看"别人家的孩子"，满是羡慕，说起自己家的产品连连摇头，货比货得扔。

我们做产品卖点的假设，就要像父母带着孩子去探索他们自己的兴趣和天赋，需要给他们更多尝试，可以是音乐，可以是运动，也可以是算术，只有孩子亲身尝试过了，他们才会知道自己喜欢哪个以及擅长哪个。即使是看似普通的孩子，也可能在某个领域有独特的天分。产品的卖点，一开始也是有多种可能性，需要尝试。

然而探索和尝试也并不是盲目的。品牌需要详细了解自己品牌的特性，以及消费者对品牌和产品的反馈，然后重点尝试最有可能的几个卖点。如果一款产品已经上市了一段时间，通常有两种方式去验证产品的卖点。

一种方式是看电商评论。一款产品在电商平台上市，累积一定的销量后，相应地也会累积一定的产品评论，这些评论往往也是比较客观的产品反馈。当数据过多时，人工看只能看一部分，且没有数据定量分析。解决方法是系统抓取所有对外展示的评论，这种方式通常可以抓取到3000条左右，然后根据词频制作词云，再把"发货""客服""快递"等与货品卖点相关度不大的词剔除，就可以得出货品当前最受认可的卖点排序。通常我们会把排序前几位的卖点，放入"优先假设"的池子。

另一种方式是看社交评论。比如，我们可以将小红书和抖音上有关产品的所有笔记和视频找出来，然后同样做搜集整理。词云会显示消费者重点提及的卖点，以及和其他竞品对比的缺点。

我们为某款卷发棒产品进行卖点假设。品牌方认为该款产品的卖点有很多，比如：品牌溢价，用起来有面子；卷发方式便捷，不需要手动辅助；还有功能多样化，可以一机多用等等。通过电商评论和社交评论，我们发现消费者对产品的评论确实会涉及以上维度，其中，提及频次尤其高的卖点主要有"方便快捷"，"几分钟就可以搞定"，以及重点提及的卷发效果，比如"卷发后的空气刘海造型很自然"，"头发蓬松显得发量比较足"等等。

由此，我们对产品卖点的假设重点放在卷发效果上，比如刘海造型自然、头发蓬松发量足、显脸小等等。大牌质感、专利技术、使用方便等则作为辅助卖点。我们把优先展示的卖点定为使用后的效果，这可能与该品类仍然处于发展早期有关，需要对用户进行更多的品类教育。

（2）人群假设：找到购买产品的人群还不够，还需要找到他们购买的不同理由

品牌就像是某一宗教，它通过创造一个品牌主张，吸引有相同主张的人消费，同时去教育其他人向这种主张靠近。苹果品牌主张"Think different"（不同凡响），这是品牌对自己的要求，同时也吸引同样追求独立和与众不同的人。但如果只是凭单个的购买行为，就断定该购买行为背后的人一定是与品牌主张相一致的那类人，未免显得草率。我们曾经在公司内部做过一个小调查：设计师购买苹果电脑，有出于"Think different"的动机；而一些刚工作的新锐白领购买的理由可能恰恰相反，他们只是看到别人在用，自己也想"合群"；而对于另一些中层人群，他们购买只是因为苹果 iOS 系统使用体验好。显然，他们都是一群购买苹果的人，但是他们又出于不同的理由购买，从这个层面上讲他们并不是一类人。

传统媒体时代，消费行为主要发生在线下，如上通过小调研的方式，终究样本量太小，准确性不够。如今线上购物平台记录了亿级以上的消费行为，通过对这些行为交叉分析，可以得出相对客观的数据。比如，一个购买苹果产品的人，同时还购买了主张"自成一派"的农夫山泉茶 π 果茶，甚至还购买了很多其他有类似主张的品牌，那么就基本可以认定这个消费者有着"追求个性"的典型特点。

将海量消费行为聚合在一起、交叉分析，得出消费行为规律，

指导其他品牌或者其他产品抓取精准消费者，这就是阿里品牌数据银行的由来。在阿里数据银行的分析纬度里，还会经常用到我们前文提及的 TGI（Target Group Index，目标群体指数）概念，在这里我们可以将其意思衍生为用户消费某品类或者某品牌的可能性指数。

通过不同品类的 TGI 数据，我们不仅可以找到主流消费人群（核心人群），也可以找到潜在消费人群（机会人群），前者占比大、后者增长快。品牌在做人群假设的时候，核心人群和机会人群都要覆盖。核心人群的营销目的是扩圈，比如从 100 万扩展到 200 万。机会人群的营销目的则是破圈，寻找新的主流人群。

比如，我们曾经通过数据银行发现某大牌口红品牌的多类消费群体中，有一群小镇男青年，这类人群年龄在 20 岁上下，生活在四、五线城市甚至县镇。小镇男青年消费口红这件事情本身有点反常，通过分析这类人群消费的其他品类的 TGI，我们发现他们除了购买口红，还购买其他诸如戒指之类适合送给女生的商品，且购买次数远不止一次。由此我们推断，这群小镇男青年买该品牌主要是为了送给要追求的对象，我们把这类人群概括为"小镇单身男"。当我们精准知道，"小镇单身男"也是该品牌的消费群体，其消费目的并不是自己用，而是送礼，那么在提炼产品卖点的时候就可以主打"送女孩子不踩坑的色号""百搭款""女生都喜欢"等等。

所以，品牌在做"人群假设"时，要至少做 3~5 类人群假设，这样才可能从中有新的人群收获。如上面例子所示,对于品牌来说,一个新的人群,就是一个新的增长点。

(3)场景假设:找到激发目标人群对产品产生渴望的时刻

好的场景是激发消费者使用产品的催化剂。场景又是内容的种子,内容脚本由此展开。寻找消费者在什么样的场景下更愿意使用我们的产品,是场景假设的核心目的。好的场景通常有以下3个标准。

- 体感强烈。越是具体可感的场景,越能激发消费者需求。比如"困了累了,喝红牛",长途司机群体对"困了累了"这个场景就尤其敏感,这个时候提供红牛的解决方案,能够很好地激发目标用户的尝试行为。
- 对象感强。消费行为差异日趋增大的当下,不存在对所有人都有足够吸引力的万能场景。所以品牌在做场景假设的时候,一定要带着人群假设,比如"困了累了"的场景适合长途司机人群,却不适合极限运动爱好者,极限爱好者更适合的场景是"挑战不可能"。
- 差异性强。相对于体感和对象感,差异性是一个进阶标准。差异性的价值在于方便品牌产生有别于其他品牌的独特记忆。比如,东鹏特饮在红牛之后,同样提出"困了累了,喝东鹏特饮",显然,这样的跟随行为不利于其建立自身的品牌差异化。

一般来说，品牌对货品和人群的熟悉程度最深，而达人对场景的感知度最强。在社交媒体营销中，一篇小红书笔记、一个抖音短视频就是一个个小创意，每一个小创意就有一个内容场景。达人基于对自己粉丝的了解，知道什么样关联度的话题可以吸引他们的关注，以及如何将产品自然融入其中。

基于以上前提，我们推荐两种孵化优质场景的方式。

第一种，充分利用达人的创造力。如上描述，品牌了解货品和人群，达人熟知内容和场景，充分信任和授权达人对场景的创造力，可以最大限度地激发达人的创作热情，从而更有可能收获优质传播内容。我们曾经合作的某身体乳产品，达人设计了一个"心机女年会秀腿"的场景。达人的视频以自己参加公司年会开场，和其他达人站成一排，下面有人说太心机了，腿上也抹素颜霜，比别人的腿嫩滑太多了。这种和别的女孩子比"绝对不能输"的场面太能引起女孩子的关注和共鸣了，随后自然引入自己并不是涂抹了素颜霜，而是用了某品牌的身体乳，用完之后就是这种嫩滑的效果。

第二种，从消费者评论中发掘。大部分消费者并不热衷于发表购买评论，除非整个过程中有让人非常不满的体验，或者令人印象深刻的正面体验，而那些能让人通过评论发表出来的正面体验中，经常隐藏着高价值的场景描述需要我们去发掘。我们在某高端卷发棒的消费者评论中发现"不输美发店效果"的评论，于是我们安排某达人开篇，讲自己最近有一个苦恼，花了几个小时去美发店做的卷发，洗一次头就没效果了，白做了。我们通过后台数据发现，看到这里，大量的看播人群点赞表示深有同感。随后该达人说，某高端卷发棒完美解决了这个问题，自然也就引入了产品推介。

（4）人货场组合假设：人群、货品、场景，共同构成社交投放的核心内容策略

通过人群、货品和场景这3个方面的分析和假设，品牌就可以构成社交投放策略的核心组合。为了将人群、货品和场景进行直观展现，我们通常运用"Message House"（品牌信息屋）这个图表对人、货、场的假设进行匹配和梳理，形成后续进行社交投放测试和验证的核心策略，如图5-1所示。

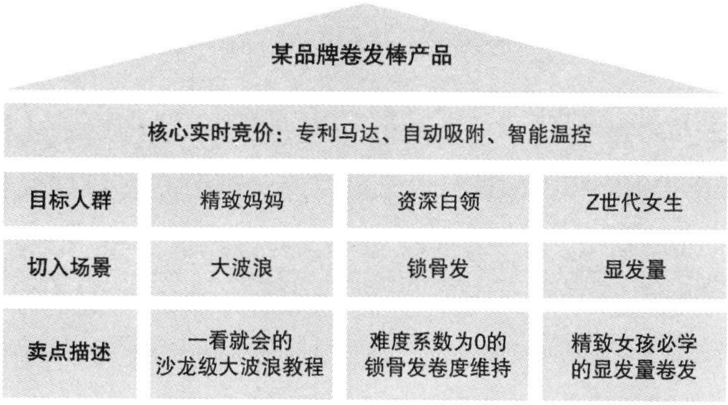

	某品牌卷发棒产品		
核心实时竞价：专利马达、自动吸附、智能温控			
目标人群	精致妈妈	资深白领	Z世代女生
切入场景	大波浪	锁骨发	显发量
卖点描述	一看就会的沙龙级大波浪教程	难度系数为0的锁骨发卷度维持	精致女孩必学的显发量卷发

图5-1　品牌社交投放核心策略Message House

核心策略 Message House 的梳理主要可以在以下场景发挥重要作用。

场景一：品牌策略沟通

通过图表中清晰的维度划分，品牌可以确定每次目标人群、场景的匹配程度如何，将模糊的品牌策略落到实处，并且便于后续对各个组合的实践效果进行评估。

场景二：达人内容沟通

作为达人的沟通文件，给到达人清晰的货品卖点、场景要求、卖点描述，方便达人以此为基础制作内容，可以大幅减少沟通成本。同时在验收达人内容的时候，执行人员可以比对评估达人的内容是否符合要求。

测试（test）

传统媒体时代，人们也知道测试的重要性。以电视广告（TVC）的制作为例，脚本测试阶段一般以专题小组访谈（FGD, focus group discussion）的形式进行。FGD 的流程一般是由一位主持人邀请目标人群围坐在一起，主持人简单介绍产品，然后阐述由这个产品衍生出的若干个创意，然后针对创意提出问题，搜集目标人群对每个创意的认知和评价。

这种专题小组访谈的形式，其最大的问题是结果不客观，造成结果不客观的原因有以下几个：

- 主持人的倾向。如果要得到客观的结果，需要主持人完全保持中立，对参与讨论的每个故事版本毫无倾向，但是实际情况是，主持人很难不带有个人倾向地进行引导，而一旦有了带倾向的引导介入，结果必定会受到影响。
- 测试场景的干扰。我们把目标消费者带到会议室，是希望他表达自己作为一个普通消费者的感知，而大部分参与者进入会议室，会不自觉地就把自己代入一个营销创意人，开始评判某个创意。
- 意见领袖的干扰。几乎所有的专题小组访谈都有一两个意见领袖（OL, opinion leader），他们总是积极发言，侃侃而谈，自信且肯定。这些观点一经发出，就开始在会议室里影响其他人，那些不太自信的参与者开始隐藏自己与现场意见领袖相左的观点，顺从地对他人的观点进行附和和补充，导致最终出来的结果并不客观。
- 样本量不够。专题小组访谈一般5~8人一组，做10组，也就是50~80人的样本。即使这50~80人真的是精准人群，也极致地避免了上面的种种干扰，这个样本量也还是太小了，出现偏差的概率太大。

由上我们看到，想要一个客观真实的测试，需要同时满足样本量足够、场景真实、无其他人干扰等条件，线下场景提供一场这样的测试，需要大量的人准备，大量的人参与，还需要大量的数据整理，成本非常惊人，也几乎不可能实现。

相比之下，如今的线上社交平台，在帮助品牌方做营销测试方面就完美地规避了上述困境。

首先，在线测试即搜集消费者对内容、产品的真实反应，并无主持人参与，也就不存在个人立场的影响。

其次，测试场景是真实的。我们的测试场景不再是通过脚本让目标群体进行想象感知，而是由达人制作一篇篇成型的笔记或者一个个视频，直接推送到目标群体面前。目标群体会真实表现自己对内容的反应：喜欢、厌恶，或者无感。喜欢，他们会点赞、转发、分享，会发表正面评论；厌恶，他们就会发表负面评论。这些证据都为品牌分析得出结论提供了支持。

再次，他人的影响是双向的。在一个只有七八人的房间中，很容易形成一种统一的声音，因为人数有限。但是在公开的网络环境下，样本量变多之后，有正面观点，也会有负面观点。正面和负面同时存在，对大部分人来说其实是一个相对友好的环境，因为他们可以无负担地选择自己更倾向的感知。

最后，样本量足够。以达人粉丝为例，达人的粉丝最少是以万计的，多的达到几百万、上千万，样本量完全足够，比线下几十人的样本量高出万倍。

由此可见，社交媒体时代的在线测试，提供了几乎完美的测试条件，而在测试环节中，有两个核心要素需要重点把关：一个是达人选择,一个是内容把控。

(1)达人选择:达人是唯一同时和货品、人群、内容强绑定的角色

在当今的营销体系下,当我们讨论营销传播是否成功时,达人的选择是否到位至关重要。

首先,达人要拆解货品性能。我们选择测试的达人基本以口播式种草达人为主,这些达人最重要的能力就是拆解和分析货品性能。人们之所以在李佳琦直播间买东西,有他直播间优惠的原因,但更主要的原因在于人们信任他对产品的专业甄选。优秀的达人能够嚼碎货品的卖点,并且以他独有的能力再把这些卖点反哺给他的粉丝,不同达人在这方面的能力差别很大。有的达人极具创造力,比如某达人在讲述某品牌身体乳的时候,为了表现该身体乳上身之后不黏腻,拿手机屏贴在涂抹过身体乳之后的皮肤上,然后展示屏幕,居然没有印子,给人留下了深刻的印象。

其次,达人要了解自己的粉丝。我们选择一个达人,更准确的说法是选择其背后的粉丝。达人的粉丝是否匹配我们品牌的目标人群,是我们选择这个达人进行测试与否的重要因素。好的达人通过与粉丝互动以及发出的视频等内容,能精准把握自己粉丝的消费偏好和内容喜好。如果达人对自己的粉丝有精深的认知,品牌就可以预估其创作和发布的内容在粉丝人群中的影响。

最后,毫无疑问达人靠内容生存。货品是内容的一部分,但不是内容的全部,好的达人能够找到新鲜吸引人且与产品强相关的场景,作为内容的亮点。

综上,选对了一个达人,一定程度上等于同时选对了货品卖点、目标人群和优质内容,而一旦选错,结果则截然相反。我们在选达人的时候,需要从定性和定量两个维度入手。

定性的维度比较简单,即主要看达人的内容调性和品牌调性是否吻合。比如我们曾经给某烈酒品牌推荐了当当网创始人李国庆,但是被品牌拒绝,理由是与品牌年轻调性不符。

关于定量的分析,也是我们更想探讨的方面。现在各大社交平台基本上都能提供达人各种维度的数据,比如粉丝数、粉丝增长、单次互动成本(CPE, cost per engagement)、带货指数等等,为我们快速了解达人奠定了基础。当我们面对不同的传播任务,需要挑选数量比较多的达人的时候,如果只看单一维度的数据,就会出现两个问题:一个是看不全太多数据,另一个也不方便进行横向对比。如何较为全面地评估一个达人?主要有以下4个维度。

- 表现力(performance),比如抖音主要看完播率、互动率等指数,小红书主要看爆文率。
- 广告力(advertising),即此达人与品牌合作的商单内容表现。达人与品牌有商业合作的内容我们称之为商单内容,达人日常发布的没有品牌商业合作介入的内容我们称之为自然内容,有些达人自己平时发的自然内容表现优质，但是与品牌合作的商单内容表现效果一般，这一类达人客观上来说合作价值就大打折扣。我们通过这个维度优先去选择商单内容与自然内容传播效果差异小，甚至商单内容表现优于自然内容的达人。

- 性价比（value），即和其他达人相比，在单位曝光成本、阅读成本、曝光成本以及转化成本方面是否有竞争优势。
- 成长力（growth），由于社交平台变化太快，达人的生命周期也因此相对变短。同一个时间点，一边有达人日渐式微，一边有新的达人冉冉升起。粉丝数量增长趋势的变化就是比较直观的数据。成长期达人的粉丝数量在明显增长，衰退期的达人粉丝数量在明显减少。而我们从投资的角度来看，冉冉升起的蓝筹股肯定更具有投资价值。

如图5-2所示，我们把表现力（P）、广告力（A）、性价比（V）及成长力（G）这4个维度以及每个维度里的细项数据指标分别赋予权重算法，由此得到了一套PAVG选择达人的系统。根据不同的传播目的，调整四大维度的权重比例。比如当我们处于新品上市场景，可以将P的权重调高，而到了电商大促场景，则需要把A的权重调高，最终系统会输出得分从高到低的排序，方便进行达人筛选，从而大大提高筛选达人的效率。

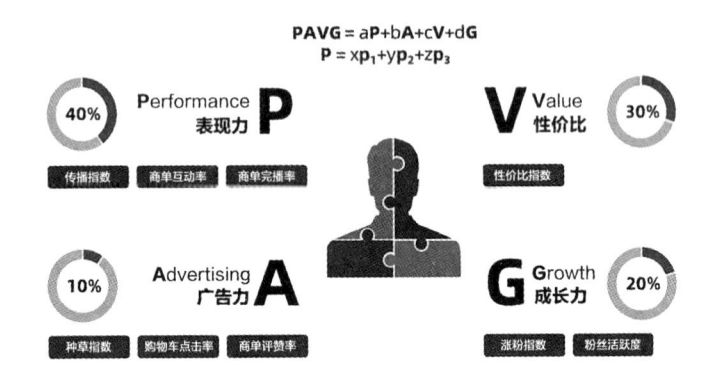

PAVG = aP+bA+cV+dG
P = xp₁+yp₂+zp₃

- 40% Performance 表现力 P ｜ 传播指数 商单互动率 商单完播率
- 30% Value 性价比 V ｜ 性价比指数
- 10% Advertising 广告力 A ｜ 种草指数 购物车点击率 商单评赞率
- 20% Growth 成长力 G ｜ 涨粉指数 粉丝活跃度

（如图：PAVG=a×P+b×A+c×V+d×G，其中a、b、c、d是权重，PAVG是维度评分。评分P=xp₁+yp₂+zp₃，p₁、p₂、p₃分别指传播指数、商单互动率、商单完播率，x、y、z是指P维度下的传播指数、商单互动率、商单完播率的权重）

图5-2 达人科学选号定量评估体系——PAVG

（2）内容共创：产品策略、市场策略都装在一个小创意里

传统媒体时代的大创意，主要由品牌方和广告执行方主导完成。如今社交媒体时代的小创意，则更多是由达人主导，品牌方和广告服务方参与共创。要想大量且高效高质量产出小创意，会面临以下3个大的挑战。

挑战一：策略如何在小创意里体现？

对于普通消费者来说，一篇小红书笔记或者一个短视频，只是一个达人发布的分享好物的内容，但是在品牌方和营销人眼里，每一篇笔记或者短视频,都必须浓缩和融入产品策略和市场策略,即每一条内容我们都要清楚地知道这条内容主讲哪个卖点,对应的是哪一类人群。

挑战二:如何同时保证达人的主创地位和品牌的主角地位?

社交媒体的小创意,主要由达人主导,同一个任务需求,不同达人的想法和创意都会不一样,我们都期望能够充分激发达人的主动性和创造性,但同时存在一个实际的矛盾情况:当达人的内容创意和品牌的要求出现较大分歧怎么办?达人创作出来的内容,品牌戏份很少,达不到传播目的怎么办?且由于达人掌握合作的主动权,很多达人合作到一半,会因为品牌要求频繁改稿最后撂挑子,出现这种情况的话,前面达人筛选工作白做了不说,还会导致传播效果大打折扣等恶劣影响。

挑战三:如何高效管理大量的内容创作流程和结果?

社交媒体的小创意数量庞大,一次中等规模的传播,就涉及几十条甚至上百条内容的生产。由于内容的数量非常多,有不同的卖点和不同的达人场景创意,所以品牌管理创意会面临非常大的困难。比如,在如此多的达人内容中,如何保证内容的整体质量,不至于出现太差的内容产出?如何和达人进行大量的内容沟通?

为面对以上挑战,需要品牌方、服务商、达人各司其职、分工有序,协同完成内容共创工作。

- 第一步:品牌方确定清晰的产品策略。内容创作的第一步，一定是品牌方梳理清楚自己的产品和市场策略。提供并确认以下信息：主打哪些市场、哪部分人群，核心的卖点有哪些，品牌的传播调性要求是什么，有无传播禁忌等。

- 第二步：营销传播服务商提供清晰的内容框架。与品牌合作的商单内容和达人常规发布的自然内容不同，商单内容有明确的传播目的和限制。一边是像风筝一样飞在天上的达人创作灵感，一边是像手一样紧紧把握传播目的的品牌要求，这中间还需要一根线，将二者既联动起来，又掌控起来。在大量的内容创作经验和内容管理经验基础上，我们给大家提供了一个标准的内容管理框架——4T，来承担风筝线的角色。

4T，即吸引力（attract），信任力（trust），诱惑力（tempt），行动力（act）4个维度。如图5-3所示，这个4T内容框架来自抖音效果投放的总结，模拟了一个普通消费者被产品种草的过程，从被吸引，到产生信任，被诱惑，最后产生行动。这既符合品牌的期望，也满足达人和粉丝沟通的路径。按照这4T结构产出的内容有以下几个好处。

第五章　ATOM 增长模型 / 149

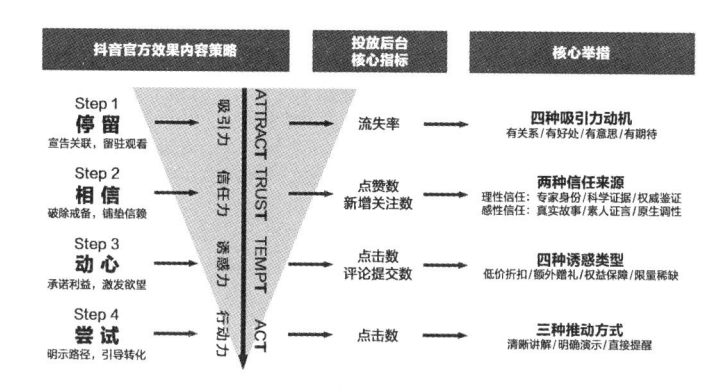

抖音官方效果内容策略	投放后台核心指标	核心举措
Step 1 **停留** 宣告关联，留驻观看 (吸引力 ATTRACT)	流失率	**四种吸引力动机** 有关系/有好处/有意思/有期待
Step 2 **相信** 破除戒备，铺垫信赖 (信任力 TRUST)	点赞数 新增关注数	**两种信任来源** 理性信任：专家身份/科学证据/权威鉴证 感性信任：真实故事/素人证言/原生调性
Step 3 **动心** 承诺利益，激发欲望 (诱惑力 TEMPT)	点击数 评论提交数	**四种诱惑类型** 低价折扣/额外赠礼/权益保障/限量稀缺
Step 4 **尝试** 明示路径，引导转化 (行动力 ACT)	点击数	**三种推动方式** 清晰讲解/明确演示/直接提醒

图5-3　社交内容策略4T法则

第一，策略得以落地。4T里包含了内容场景（吸引力）、货品卖点（信任力）两个关键因素，再结合达人粉丝这个人群维度，货品、内容、人群3个维度都有涵盖。通过一个有吸引力的场景让目标消费者停留，然后展示产品和品牌的卖点优势，随后提供当下就能获取的利益，最后临门一脚给出明确的行动指示，这一过程即把品牌的产品策略和市场沟通策略融入其中。

第二，保证产品主角，保证达人主创。很明显4T是一个以产品为主角的框架，但同时又充分留有达人创作的空间。我们会在一开始就和达人拟定，合作的内容需要基于4T框架来进行，每一个环节都不可缺失，但是也会给他们充分的创作空间，比如T1用什么话题吸引受众对产品产生兴趣而不流失，T2用什么方式展示产品的卖点——小实验？体验分享？他人背书？甚至国外信息？这些都是达人可以自由发挥的空间，以保证达人的创作热情。达人在框架里先制作一个初步的文字脚本，服务商和品牌方对于每一个点都有建议权，但是最终的决策权以达人为主导，确认无误之后即可进行拍摄。在达人创作这个领域，因为观点不一致而要进行修改是一件非常常见的事情，但如果一开始合作各方就定好了一个框架或者一个标准，就能在一开始消除大的分歧，直接进入细部环节，从而大大提升合作效率。

第三，流程管理高效。4T是一个可复用的通用法则，对不同的达人都适用，即可进行一对多沟通，大大缩减了一对一沟通的时间。同时以4T为标准，大家的沟通容易聚焦，也能够提高沟通效率。

（3）测试方式：每一条计划都在测试一个人货内容组合

当我们已经假设了产品主打卖点，也假设了测试人群以及内容场景后，会发现卖点人群和场景都有若干个。以上文提到的某卷发棒品牌举例，我们假设了精致妈妈、资深白领、Z世代女生共3个目标人群；货品卖点这边有自动吸附一看就会、智能控温不伤发、专利马达3个核心卖点描述；找到的切入场景分别有大波浪需求、锁骨发需求、显发量需求。不同的3个维度相乘就得到我们需要的测试方向数量，但这27个方向里会有一些明显不需要测试的组合，比如Z世代女生人群与大波浪场景匹配度极低，可排除组合。最终经过一系列排除之后可能只剩下10~15个方向，在资源有限的情况下10~15个仍然过多，这个时候就要选择最有可能的 3~5 个方向进行测试。比如，我们最终选择了"精致妈妈人群 + 大波浪场景 + 自动吸附一看就会的沙龙级教程"卖点，"新锐白领人群 + 锁骨发场景 + 智能温控难度系数为 0"卖点，"Z 世代女生人群 + 显发量场景 + 专利马达精致女孩轻松卷发"卖点 3 个组合进行测试。

我们把达人作为起始单位，即一个达人视频就是一个测试计划，在纯自然粉丝流量阶段中，一个达人发布一条视频，就是一个货品、人群、场景的组合。不同的视频，就代表了不同的组合。所以我们在一开始就要规划好，一共有多少个达人，要测试多少个组合，每个组合的货品、人群、场景分别是什么，然后去监测内容投放之后的效果，并进行横向对比。

（4）测试结果：数据会告诉我们各个维度的结果

测试最大的价值在于得出明确的结果，其中，投放性价比、教育种草效果、销量转化效率是最重要的，也是品牌方最想确认的 3 个评估维度。一条完整的测试链路，包括了从种草到收割的完整链路。以抖音短视频为例，视频下方会带有购物车链接或者商品磁贴，整个链路的每一个数据都会被监测。我们又可以通过进一步分析拆解，将一个或一组数据指向某个我们需要测试的维度，从而帮助我们通过数据找到结果。

评估投放性价比，主要看单次成本（CPX，cost per X）数据。

单次成本数据主要有千次曝光成本（CPM，cost per mille）、单次点击成本（CPC, click per click）、单次互动成本（CPE, cost per engagement）和单人获取成本（CPUV, cost per unique visitor）。

千次曝光成本（CPM）对应的指标是该账号内容获取流量的效率。过去线上投放的时候很重视CPM这个数据指标，CPM越低，单位成本能触达的人就越多，但是多并不代表准，如果不准，触达得再多也是无效触达。比如一款女性护肤品，花费同样的营销成本，一边是触达50位女生，另一边是触达100位男生，后者CPM是前者的一半，但是实际触达效率后者可能趋于零，与前者完全不能比。因为有这样的误导，我们在测试的时候，会把CPM这个数据指标弱化。CPM需要看，但是不需要作为主要数据。

单次点击成本（CPC）对应的指标是该内容的播放率，影响CPC的最主要内容是头图和前两到三秒的内容。如果一味想降低单次点击成本，多使用头图标题党、颇具噱头的开场往往就能起到好的效果。但对于这个指标我们仍然不建议作为主要指标去看。

单次互动成本（CPE）对应的指标是该内容能在多大程度上引起已观看人的互动行为，包括点赞、评论、转发、收藏等。每一个行为都是相对有价值的，这些行为既是作为平台对这条视频价值的判断，也是品牌方对该内容的判断。获取最多互动的内容不一定是最好的内容，但是没有获取互动的内容，一定是不好的内容。

最后一个是单人获取成本（CPUV），这个数据考验的是内容和链路抓取新客的能力，这基本是一个综合的结果，要想单人获取成本比较低，需要内容与人群同步配合。对于一些新上市的产品，或者决策周期比较长的品类，我们会非常重视 CPUV 这个数值。

评估教育种草效果，主要看 CTR（click-through-rate）即点击通过率和 CVR（conversion rate）即转化率。

CTR 这个数据对应的指标是，受众看了这个视频，有多大可能会点击产品链接去进一步了解产品信息。CTR 的高低反映的是该视频内容对产品推介效果的好坏。以抖音平台为例，有一种高爆内容叫剧情内容，一个具有高反转性的剧情，或者结局令人舒适效果的内容，能够吸引大量的人观看，并进行互动。同时，这样的内容又能获得平台更多的流量推荐，也就能获得上千万甚至上亿的播放量。

但是这种剧情内容下面购物车点击量寥寥无几，也就是 CTR 极低，所以这样的内容不是好的种草内容。种草内容 CTR 均值大概是 1%，也就是大概 100 个人看完后有 1 个人会点击产品链接去详细了解产品，所以如果一条视频测试完，CTR 大于 1% 就基本是合格的，如果小于 1%，则需要探讨产品的展示方式是否不够好，露出时长是否不够多等问题。

CTR 是反映内容种草能力的重要指标，而且能反映达人和其粉丝的黏性。粉丝黏性强的达人，CTR 基本较高，因为粉丝认可这个达人，即使达人在内容上并没有十分突出，仍然能引发粉丝对产品的探索兴趣。为了剔除粉丝黏性对 CTR 的影响，我们除了会看达人自然流量即粉丝人群的 CTR 数值，也会通过给该内容采买公域流量，让非达人粉丝人群来看该内容，测试刨除粉丝黏性的真实种草力。

CVR这个数据指标在需要平台跳转的链路里必不可少。比如，从抖音平台跳转到天猫平台，会设置一个跳转页，这个跳转页由抖音提供的橙子建站搭建，消费者点击视频下方的产品磁贴之后会来到这个跳转页，跳转页会提供产品卖点、产品优惠、产品背书等信息，如果消费者真的对该产品感兴趣，再点击跳转页上的按钮，就会到达淘宝页。跳转页能进一步把非精准消费人群挡在门外，它相当于一个劝退机制，如果大量无效人群进店而不产生购买，淘宝将认定该产品没有售卖力而减少流量输送，即对产品的淘宝链接进行降权。

CVR这个指标的正常值大概在40%到60%之间，过高和过低其实都不太正常，过低说明可能在前端产生了太多误点行为或者定位真实消费人群不够精准，过高则说明跳转页可能没有起到劝退作用。

评估销量转化效率，主要看ROI。

ROI是全链路中最综合、最硬核的数据指标。ROI的计算方式是投放产出的销量除以总投资金额，如投放产出销量100万元，总投资金额200万元，那么ROI就是0.5。一般说来ROI是一个最终的结果指标，在总投入既定的情况下，GMV越高，ROI就越高，而GMV=UV（Impressions×CTR×CVR）×CR，其中UV是Unique Visitor，即独立访客，Impressions指曝光量，CR是Close

Rate，即成交率，通过这个公式，可以知道 ROI 是最终的漏斗结果，CPX、CTR、CVR 等数据哪怕有一个数据过低，最终都没法得到理想的 ROI。

优化（optimization）

优化的精髓，在于高效找到更多成功组合。

ATOM 4 个环节，A 和 T 属于播种环节，M 属于收割环节，而 O 则属于成熟环节，也可以说 O 是从量变向质变过渡的环节，所以重要性不言而喻。

优化最大的挑战在于找到真正的问题所在，即治病的第一步是找准病灶。做完一轮投放测试之后看结果，结果好的经验继续复制、复用，价值明显。结果不好的，需要有更精确的数据分析，找出存在问题的具体环节及诱发原因，才能进一步进行优化。由此可见，优化的对象应该优先选择那些表现并不完美的测试组合。

影响测试结果最大的两个因素，一个是内容，一个是转化链路。内容是测试发起的源头，内容里同时又至少包含了货品卖点、内容场景两大关键因素，对最终的结果起着决定性作用。转化链路是一个漏斗模型，这个过程当中有一个环节出现"故障"，最终的结果都要大打折扣。基于此，我们的优化主要围绕内容优化和链路优化展开。

(1)内容优化:精细拆解内容,找到真正需要优化的关键点

当前营销环境下,内容形式主要有视频和图文两种,视频又以短视频为主。无论是短视频,还是图文,都不止包含了一个信息点,这些信息点有的只是发挥承接过渡作用,对结果影响不大,有的则作为教育或者转化的核心目的,也有的起到了反作用,让目标受众产生厌恶情绪。内容优化的目的,就是精细拆解内容,找到真正需要优化的关键点。

我们以抖音短视频为例。一条种草的抖音视频,播放时长大概在30~90秒。前文我们强调过,当我们判断一条视频种草能力强或弱的时候,可以看CTR这个指标,即如果大于1%,则表现较好,小于1%则表现较差。CTR作为结果指标准确性强,通过CTR我们知道种草能力好不好,但是我们不知道这条视频为什么好或者不好。如果不知道哪里好,哪里不好,也就没法进行精准到位的优化。

消费者视频观看过程中主要会产生以下几种行为:

第一种是退出。指当观看视频的人觉得视频内容没有吸引力,不感兴趣,或者视频内容让他们产生不适,比如当他们看到不喜欢的画面,听到不同意的观点,就会产生退出视频观看的行为。

第二种是点赞。当受众很喜欢视频的画面,或者认为观点很有说服力,就会因为被说服或者产生共鸣而点赞,甚至转发分享。

第三种是点击购物车。当受众被种草,产生想要进一步深入

了解或者想要购买产品的意愿，就会点击视频下方的购物车或者磁贴。

也就是说，不管是退出视频观看，还是点赞、点击购物车等行为，都事出有因。如果能找到刺激这些行为的因素，就能知道一条 60 秒的视频里，到底是什么点把人"赶"走了，又是什么点让人引发了共鸣、进行了点赞，以及当我们展示产品的什么卖点时，消费者被打动了从而点击产品链接。这时候我们借助的是秒级视频数据，对内容进行切割分析。由于每一个行为都发生在视频播放的一个时间点上，在这个时间点上，所有的消费者行为都会被记录，由这个时间点的行为往前回溯 5 秒钟，就能找到诱发这个行为的因素。当前，抖音已经在投放平台开放了这个时间线数据。

图 5-4 是某高端卷发棒的一条达人短视频的流失曲线图，从这个图里可以看到前 3 秒流失人数断崖式下降，这比较符合种草视频的正常规律，因为开篇的 T1 吸引话题是精准吸引，即对该产品有兴趣的人停留，而不相干的人被劝退。此后，又出现了两个流失小高峰，一个是在大概第 5 秒，一个是在第 12 秒。通过回看视频，我们发现，5 秒之前讲的是造型不好打理、不持久，对于这个点大约有超过 2 万的受众并无同感，所以退出观看。另一个 12 秒的小流失，主要是产品出现后，其高价品牌形象发挥劝退作用。这种产品出现带来的流失属于正常现象，每一个品牌、每一个产品都不可能受所有人喜欢，只要流失的比例不要太大即可接受。

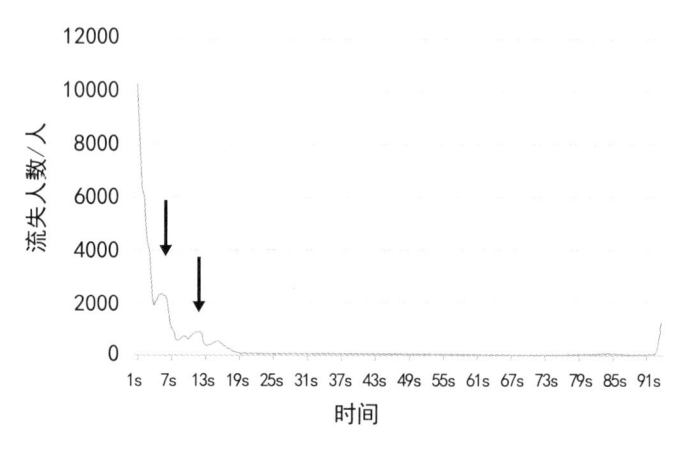

图5-4　某高端卷发棒的某达人短视频流失曲线

以上是一张非常健康的流失图，不健康的流失图会在视频中端出现一个或者多个流失高峰，这有两种可能：一种可能是前面没有做精准的吸引，导致大量不精准的人存留下来，到中段才发现这个话题或者这个产品并不是给他们看的，所以大量流失退出；还有一个可能是，前面是精准吸引，但是达人说了一个偏激的观点，或者出现了令人极度不适的画面，于是把人"赶"出视频。比如，我们曾经有一条化妆品种草视频，在视频中段，达人为了展示自己没化妆的时候皮肤状态有多差，放了一张局部放大的素颜图片，迅速引发一大波流失，这些精准的人群流失对品牌来说就是不可挽回的损失，我们要做的是优化便是禁止将局部放大的素颜图片放入视频，类似的特写图也要严格审核，避免再次入坑。

图5-5是同样一条视频内容的另外一张图，展示的是点赞和

点击曲线。

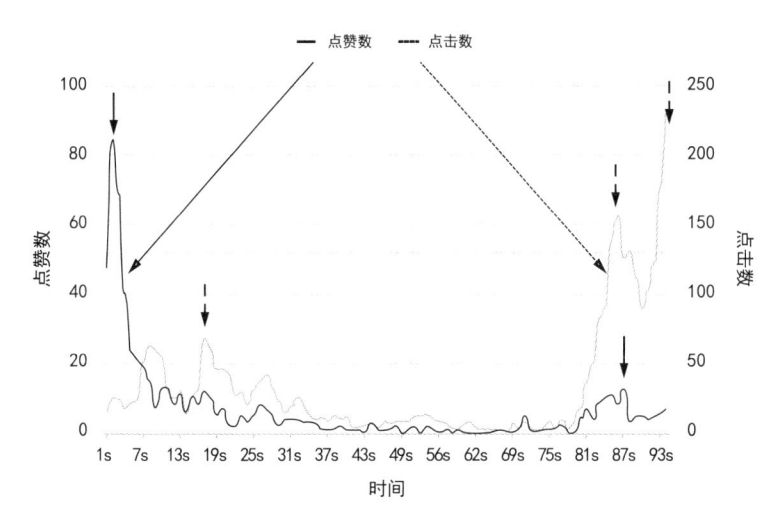

图5-5　某高端卷发棒的某达人短视频互动曲线（点赞与点击）

首先我们看点赞曲线，在视频的第 2 秒出现了一个巨大的点赞高峰，由于还只是在第 2 秒，前面只有一两秒钟不足以带来一个观点，所以可以推测这些点赞最主要来自达人的忠实粉丝随手赞，或者是对达人的颜值点赞。还有一个原因可能是看完整条视频想要点赞时视频正好自动重新播放到这一秒。在第 16 秒的时候，也出现一个点赞小高峰，这个时间点前展示的是产品的黑科技效果，消费者认为这个黑科技很棒，所以进行了点赞行为。在第 83 到 87 秒之间，也出现了连续的点赞行为，回溯视频会发现这个点前面展示了使用该产品的出色效果，消费者对这个效果表示认可，所以点赞。所以从这条视频可以总结出该产品的黑科技展示、效果展示是获得消费者认同的两个重要亮点。

其次,我们来看点击曲线。在视频的第7秒,出现了一个点击小高峰,我们回想上一张流失图,也是在第7秒,出现过一个流失小高峰,而这个流失和点赞是因为同一个因素,即产品的出现。有人因为产品出现退出视频观看,也有人因为产品出现立马点击了产品链接。第二个产品点击高峰出现在第16秒,在这之前出现的内容是产品的黑科技展示,所以黑科技展示不但带来了一波点赞小高峰,同时还带来了产品点击小高峰,这说明黑科技展示对于产品来说是一个非常好的卖点。随后最大的点击高峰出现在83到87秒之间和最后一两秒,83到87秒的内容在点赞曲线里有提到,主要展示了产品试用后的效果,说明产品试用效果展示,不仅带来了用户认同,更带来大量对产品的进一步兴趣,从而触发点击行为。最后一个最高的点击高峰发生于最后两秒,大家如果记得前面4T内容框架,就会知道这最后的部分是最后一个T(act,行动力),达人最后给了一个行动指令,点击下方产品磁贴,一个行动指令再加上之前的信任力和诱惑力加持,最终把产品目标消费者抓到。这个点击曲线,至少可以得出该产品的品牌力、黑科技、使用效果都是消费者非常愿意为之买单的卖点,后续可以持续放大使用。而其他方面的卖点,在数据层面没有展示对消费者有较好的打动效果,后续就需要优化更新。

（2）链路优化：不断补齐木桶的最短板

我们在之前分享过，GMV=UV（Impressions × CTR × CVR）× CR，最终的效果受 Impressions（曝光量）、CTR（点击通过率）、CVR（转化率）以及 CR（进店成交率）等过程中的每一个数据影响。根据木桶最短板原理，有一个环节出现问题，最终结果都会大打折扣。

首先，曝光效率受平台流量、达人势能、内容表现等综合因素影响，提高曝光效率的最重要环节是选对达人，这个环节在前面测试环节有重点阐述。

其次，CTR 的提升主要来自内容的优化，当一个视频的产品链接 CTR 小于 1%，则有必要对产品卖点等内容进行优化。跳转页的信息优化是提升 CVR 的关键行为，保持链路前后信息的一致性，以及突出最"抓人"的信息，都可以提升 CVR。

最后，站在纯投放的视角，把人吸引进店传播就结束了，但是如果站在全链的角度，最后成交一环也是链路的关键环节。我们也遇到过人群进店数据没有问题，但是成交量低的情况。所以我们帮助品牌一起检视店铺详情页有没有问题，最后发现电商详情页中关联的晒单仍然为老包装产品，且同一个页面不断推荐同品牌的其他性价比更高的产品。这两个问题经过优化之后，成交率果然提升了一倍。

放大（magnify）

所有的假设、测试和优化都是为了最终能够走到放大这个环节。能被放大的前提是，货品、人群、内容的组合效果有其稳定性，能够被复制。有时候一两次的结果有一定的偶然因素，所以需要多轮的测试和验证，最终确定可以放大。实际执行放大的过程中，我们主要围绕两个维度展开：一是流量势能，在相同的平台且一定周期内具有稳定性，可以复制放大，可以带来较好收益；二是内容势能，在较长周期，甚至跨平台都能为品牌带来稳定价值。

（1）流量放大：充分利用不同性质流量的不同势能

品牌需要对平台不同性质的流量构成有充分的认识，有层次、有节奏地进行逐级传播放大，充分利用好平台各级流量势能。

达人自然流量：放大达人对粉丝的影响力

达人的自然流量，即粉丝流量。在种草环境下，判断一个达人投放后是否属于优质的达人，要综合评估3个方面：首先，是否是优质的内容，即达人的优质创作能力是否优秀；其次，是否是优质的目标人群，即达人的粉丝是否是我们品牌精准的目标人群；最后，是否是优质的粉丝和品牌关系，即粉丝对达人推荐的这个品牌是否高度认可。也就是说，放大达人自然流量价值，即是放大优质的内容、优质的目标人群、优质的品牌关系这3个维度价值。

放大达人自然流量最直接的方式，就是重复使用被验证达人自然流量价值高的达人，即达人复用。我们会发现一个在社交种草收获颇丰的品牌，都会累积并形成自己稳定的达人矩阵。品牌可以通过重复投放的方式进行重复收割。稳定而重复的合作形成之后，达人在某种程度上就成为品牌专属的传播资源。大促期间，一些带货能力强的达人不仅是传播资源，同样还是货架资源，且是非常稀缺的货架资源（为了保证自己的公信力，达人一般不会在短时间里频繁向粉丝种草同一品类的不同品牌产品）。如此品牌和达人就形成了稳定的合作绑定关系，在大促期间其他品牌就没法参与合作，达到了排挤竞品的效果。

内容流量：放大内容对相似达人粉丝的影响力

需要说明的是，这里的内容流量是特指助推内容扩散的一种流量，比如抖音的抖加、小红书的薯条等，这些流量原本是专门为达人推广自己内容准备的，后面才被品牌利用。内容流量的本质还是内容，它和下面介绍的商业流量最大的差别是内容流量并不带任何广告标志，它以自然内容的形式发挥作用，而商业流量都必须带有"广告""推广"等明显的广告标签。

内容流量的放大形式，是渐进式的。当自然流量，即内容在粉丝人群中的自然跑量效果不明显，播放量、互动量都不好，那么就没有必要进行内容流量投放。反之，如果内容在自然流量里表现不错，可以尝试用内容流量做第一波助推。一般来说，内容流量的投放是否成功主要取决于人群包的选择正确与否，因为内容本身已经被验证有效，内容流量投放的目的是把内容推送到相似的人群面前。品牌可以选择智能投放，即系统直接圈选相似人群包，也可以手动选择相似的达人的粉丝投放。

有一种例外需要注意，之前也有提及，即内容质量一般，但是达人的粉丝黏性特别强，导致投放效果很不错。这种情况下，在内容基础上进行内容流量加持，大概率效果并不会好。由此也可以看出，内容流量是一种"小而美"的流量，核心投放技巧是小量多试，试出了好的效果再进行加量。

商业流量：放大内容对全平台目标人群的影响力

商业流量是给品牌进行商业投放量身定制的，与自然流量和内容流量相比，商业流量占比最大。商业流量也具有两种性质：一种是保价保量，即一个CPM多少钱明码标价，多少费用可以带来多少的曝光，这个量是有保障的。这种流量的缺点是一次性采买，最低有个量的要求，而且一般都不低，一次性完成投放，即使效果不好也不能停止和优化。另一种是竞价流量，既不保价也不保量，价格是动态调整的，价格根据市场的激烈程度波动，可以小步快跑，效果好可增加投放，效果不好可随时停止。

商业流量的本质，是放大内容对全平台目标人群的影响力。同内容流量一样，商业流量投放的前提也是保证内容质量。与内容流量相比，商业流量投放的最大挑战是"全平台目标人群"，即圈选精准人群包。该环节最重要的技巧是充分利用平台大数据能力，比如巨量云图的行业标签工具。

（2）内容放大：内容的放大方式是花式复用

内容作为品牌资产的重要组成部分，犹如一把打开与消费者沟通大门的钥匙。探索出真正适合品牌的内容资产必经历假设、验证、优化等过程，因此这把"钥匙"得来并不容易。对内容资产最好的放大方式就是复用，实现价值最大化。

首先可以**跨流量复用**。当我们认定某个达人的内容价值比较大，我们可以请其他达人复用这个内容创意，制作相似的内容。比如我们在前面提到过的用"女生心机秀腿"这个话题引出身体乳这个内容创意，后续就可以被很多其他达人翻用。

其次可以**跨平台复用**。抖音上好的内容，可以在小红书复用；同样，小红书比较好的内容，也可以通过抖音以视频形式展示。我们曾经把品牌在 B 站投放的 UP 主视频，拿到抖音进行信息流投放，收到了 1 以上的 ROI 回报。

最后可以**跨内容性质复用**。内容按性质分有 BGC（brand generated content）即品牌制作内容、PGC（professional generated content）即专业/达人创作内容、UGC（user generated content）即用户创作内容。BGC 具有浓浓的品牌宣传味道，如品牌广告片。PGC 内容既有专业性，同时又属于第三方发声，具有更强的可信度。好的 PGC 内容容易被 UGC 引用，比如某达人说有一款卷发棒，具有自动吸附功能，可以轻松做出大波浪发型，某普通消费者看了该视频，会学着用这种话术推荐给身边的人。还有一种更有意义的跨内容性质复用，是品牌 BGC 主动从 PGC 里汲取有价值的内容，以官方的内容形式传播。比如某达人在介绍卷发棒的时候总结了一句"头发蓬蓬，小脸立现"的卖点，后续品牌方即可考虑把该卖点总结话术放入品牌拍摄的 TVC 中使用。

ATOM 本质上是基于数据的快速且精准试错进行迭代。在实际执行当中，至少要求团队具有数据分析能力、快速执行能力、快速迭代能力，所谓的"边瞄准，边开枪"。一个团队集合以上 3 种能力并不容易，也正因为不容易才能形成较高的壁垒。所谓知易行难，"纸上得来终觉浅，绝知此事要躬行"，边落地边感知，才能发挥 ATOM 模型最大的价值。

—— 第六章

闭环营销

在数字媒体时代，闭环营销已经成为对营销传播的基本要求。

本书的核心目的，旨在帮助品牌在营销增长层面进行提效。提效有两层含义：一层是提升效果，即人货内容高度匹配之后带来的种草效果提升。所以在本书的前几章，我们深度探讨了品牌的增长话题，包括影响增长的人货场策略、增长模型等内容。第二层是提升效率，即目标人群从潜在消费者身份，最终产生购买行为变成真实消费者的转化效率提升。在转化效率提升这个话题里，我们有必要引入"闭环营销"这个概念。

闭环营销，也被称为全链路营销。过去我们比较熟知的一个概念是整合营销传播，即 IMC（integrated marketing communication），整合营销传播整合的主要是信息，目的是让品牌在不同的平台发出统一的声音。在线上购物还不普及的时代，网络的主要作用是沟通、传播，但是在线上购物普及后，品牌在网络上完成对消费者的"教育"，消费者只需下载 App 或者点击链接就能进入购买环节，线上传播到线上购买形成了在线闭环。所以，闭环营销指的是对品牌的机会人群完成触达、教育和购买转化的全链路营销。

多平台全链路营销闭环

打造全链路营销闭环的前提,是对全链路营销中的每一个环节和目的有清晰认知。营销的目的最终是影响消费者的心智,经典的AIDA法则,将消费者的心智变化总结为引起注意(attention)、产生兴趣(interest)、产生购买欲望(desire)、最后完成购买(action)这4个阶段。此后随着互联网的发展,AIDA法则也在不同的企业、平台产生了新的演化。比如,今天我们最熟悉的是阿里的AIPL法则(awareness认知、interest兴趣、purchase购买、loyalty忠诚),其为阿里数据银行提供了理论基础。当前,抖音巨量云图的5A法则(aware认知、appeal吸引、ask问询、act购买、advocate拥护)正冉冉升起,将进一步强化营销人对消费者全链路行为的探索和利用。

将消费者的行为拆分并定义成几个关键环节,先对这些关键环节进行不同目的、不同方式的营销触达,再将各个环节紧密串联和评估优化,即是我们这一章重点要探讨的打造全链路营销闭环内容。

(1)数字媒体时代的全链路营销特点

数字媒体时代的全链路营销,有3个特点。

消费者行为可监测和计算

AIDA是一套很透彻的理论,它把消费链路的核心环节都浓缩概括了，所以后续的各种变形版本都沿用这个理论精髓。我们在第五章分享的 4T 法则，同样遵循这样一个路径，从 attract 吸引、trust 信任、tempt 诱惑，到 act 行动，基本也遵循 AIDA 的步骤。但是 AIDA 作为一种营销思路指导，最大的缺点是不可量化。

阿里推出 AIPL 概念意义重大，因为这里面核心的价值就是数据。AIDA 理论还只能做定性指导，但是 AIPL 除了能做定性指导，还可以做定量分析与品牌的人群管理。AIPL 和 AIDA 相比，已不仅仅是营销思路的指导概念，数字营销时代 AIPL 的每一个环节都可以精准定位到人和人数，即 AIPL 分别涉及哪些人群，有多少，甚至有什么特点，这样 AIPL 就可以计算和评估品牌的人群资产。

举例说明，某化妆品品牌的总品牌人群，在阿里这个环境中与品牌发生了或松散或紧密的行为关系，比如有的人被该品牌广告曝光过，有的人搜索过该品牌，有的人进店浏览过品牌详情，有的人进行了收藏或者加购物车，还有的人进行了购买等等，品牌数据银行根据这些行为把人群划分为 AIPL 人群，并且每一个人群有精确的数据。假设该品牌 AIPL 总人群数 1000 万人，根据以往经验，大促期间该品牌人群的平均转化率为 1%，即可算出当前大促的购买人数约为 10 万，再根据平均客单价即可估算出本次大促的 CMV，这就是数据银行 GTA（GMV to AIPL）的计算原理。

通过累积的人群资产，可以预测品牌的销量，这就是在当前数字媒体环境下，AIPL 或者 5A 如此重要的原因。

消费者链路周期大大缩短

传统媒体时代，人们获取信息的途径有限，因此从产生需求到最终下单购买的周期被拉得很长。尤其是一些高关心度、高客单价的品类，比如电器，从开始产生需求到最终下单，长达几个月。消费者产生购买需求，在电视上看到该产品的广告，完成了注意力的触达，由于没有其他更好的了解产品的途径，消费者只能挨个问询身边已经购买过的人，或者专门跑一趟门店看看实物，最后还需要跑几家店进行比较，才能最终购买，这一整套链路费力费时。而在数字媒体时代，消费者一旦被触达完成，立马打开小红书或者抖音搜索，产品种草信息完成，再打开京东天猫App进行产品对比，这一 AIPL 的链路最快几个小时就能完成，周期大大缩短。

品牌链路营销"危""机"并存

如上举例所示，传统媒体时代的购买链路相对比较私密，只有自己和自己身边被咨询到的人知道，但是到了数字媒体时代，消费者的一举一动都暴露在平台数据的监控下。平台将这些数据通过各种营销产品的形式转售给品牌，让品牌间相互竞争拦截。

同样以购买家用电器举例，假设一名消费者在电梯里听到某品牌产品广告，随后去抖音看视频，了解该产品的颜值，去知乎、小红书或者 B 站看别人的分析和评价，了解产品的质量。在这一过程中，刚好看到有人推荐了一个其他的品牌，该消费者也挺感兴趣，随后他又重新从抖音到知乎、小红书、B 站搜索一轮。由于平台已经给潜在消费者贴上了电器的标签，只要该消费者没有最终下单，平台就会主动推荐该类电器的内容或者广告。因此，一个消费者可能在这个过程中数次改变决定，这对品牌来说既是困难，也是机会。

（2）跨平台的全链路打通

我们在前面举例某消费者购买家用电器的链路，又讨论到他去不同的社交平台，进行了不同目的的行为，比如去抖音看颜值、去小红书看评价等等。数字媒体时代，社交平台，尤其是核心的几大社交平台，在打造全链路营销闭环中扮演了非常关键的角色。

首先，品牌高度依赖社交平台。

品牌有多大价值，要看消费者对该品牌的感知深浅以及产生感知的消费者的数量。就像看明星有多大影响力，要看其粉丝数量及粉丝的支持力度。社交媒体出现以前，明星的粉丝散落在各地，互不交流。明星的支持总量只能通过短信投票来统计数字。但是，社交媒体出现之后，粉丝通过"超话"，以及粉丝团，形成一个团体，共同为自己喜欢的明星打call。明星腕儿有多大，粉丝团就有多强大。反过来，粉丝团有多强大，明星腕儿就有多大，例子可以参考2019年周杰伦粉丝打榜事件。

同样，每一个品牌对于用户来说都是"明星"，虽然忠诚度不如粉丝追随明星那么强烈，但本质是一样的。社交媒体出现以前，品牌知道自己卖了多少货，但是用户和用户之间不知道彼此的存在。社交媒体出现之后，用户与用户在社交媒体上可以交流使用产品的感受，形成"粉丝团"。没有"粉丝团"的品牌，本质上也就没有根基，不堪一击。由此可见，品牌高度依赖社交平台，这也是品牌争相在各个社交平台开设品牌账号的原因。

其次，各社交平台差异性明显。

我们仍然以明星举例。明星在不同社交平台上是有"势力范围"的。超大牌的明星势力遍及各个平台，次级别的明星则单点突破。贾玲在B站很火，超多UP主通过剪辑的方式给她拉郎配，范丞丞、杨洋、刘德华在B站都是贾玲的"后宫成员"。许嵩在B站有90多万名粉丝，级别接近百大UP主水平。张译在知乎上有90多万名粉丝，这个粉丝量在知乎上也算非常可观。

不同的明星扎根在不同的社交平台，归根结底，是源自各平台的特色。抖音是短视频平台，内容涉及音乐舞蹈、财经理财小课堂等等，这一类平台适合表演类明星；B站是中视频平台，内容涉及游戏、知识、手工等等，内容时长3到10分钟，可以深度阐述或者展示某事物；小红书则是好物推荐平台，专门分享推荐自己买到的好产品。社交平台的个性不同，从而出现了B品牌（B站孵化和成长的品牌）、抖品牌（抖音孵化成长的品牌）。

另外，社交平台的内容属性不同，也让不同的社交平台在营销闭环中扮演了不同的角色，我们根据平台的特点，从营销的链路上对平台做了梳理，一般认为抖音和微博的CPM（千人成本）很低，曝光效率很高，所以适合用来提升认知（awareness）；

小红书、B 站、知乎这一类的平台，信息容量较大，而且在各自的领域里有较高的公信力，适合兴趣（interest）的传播；而像微信群这样的平台，天然适合做粉丝聚合和运营，提升用户忠诚度（loyalty）。

最后，跨平台链路打通的核心在人群打通。

我们已经聊过，各平台有兴趣圈层和内容形态的次元壁，但在实际营销环节中，这并不是难以跨越的。从兴趣领域来看，各平台有融合趋势。比如，之前在知乎大受欢迎的刘畊宏，最近在抖音火热得一塌糊涂。同时各个平台也出现了内容互通，甚至互相搬运内容的情况，比如小红书、知乎也开始视频化，抖音也开始推广中视频等等，这是平台间竞争到一定程度必然出现的内容趋同现象。

对品牌营销来说，真正难的是跨平台人群打通。当我们讲打造全链路营销闭环，前提是我们针对的是同一类人或者同一群人，即对同一群人进行完整的 AIPL 营销，最终完成用户收割。我们用抖音或微博做 A（awareness 认知），用小红书、B 站、知乎做 I（interest 兴趣），用天猫、京东做 P（purchase 购买），用微信粉丝群做 L（loyalty 忠诚），如果这里针对的是同一群人，那么以上描述的就是一个完美的链路营销。但如果不是同一群人的话，就会出现我们在抖音和微博对一群人做 A（aware 认知），然后去 B 站、知乎、小红书对另一群人做 I（interest 兴趣），最后我们又对第三类人进行收割的现象，这样的传播收割效率可想而知，根本没有对同一群人进行完整的链路传播。

由于国家对于私人信息的保密法规限制，所有平台不得搜集消费者的身份信息以提供给品牌。同时因为各社交平台间的竞争关系，数据并不全面开放，这就导致了社交平台人群打通成为一个"死命题"。平台间的人群打通唯一的可能性存在于电商平台和社交平台之间，也就是下面一小节我们重点要探讨的话题。

（3）"电商搭台，社媒唱戏"的全链营销闭环形态

我们在长期的电商营销经历中，会注意到一个现象，那就是电商平台非常热衷于造节和造IP，比如天猫平台风生水起的超级品牌日、双十一，京东平台发起的618，以及抖音电商崛起以后发起的抖音超级品牌日、抖音开新日等等。这些电商大促和营销IP声势浩大、资源投入不菲，传播路径往往贯穿多个平台，其最终目的都是在短时间内引爆闭环，形成高效收割。

电商平台和品牌一样，对全链路闭环需求迫切

电商和品牌一样，为最后的成交负责。电商平台成交的好坏取决于前序链路的紧密和畅通与否。基本可以说，有前期教育的潜在用户一定比没有前期教育的潜在用户更容易下单，所以电商平台有动力进行营销前置，需要把触手伸向品牌产品教育环节，而不能固守于成交这一环。

同时，社交平台作为媒体平台，最有价值的资产是流量。电商平台向社交平台采买流量，同时为了能够更有效率地对流量进

行收割,需要对流量进行筛查甄选,确保把合适的流量引导至正确的品牌店里。流量价值越高,电商平台出成绩的效率越高,电商平台越愿意采买更多流量,形成交易正向循环,因此社交平台更愿意配合电商平台的闭环营销合作。

电商平台推动的闭环营销工作基础——Uni ID

我们在上面"跨平台的全链路打通"这一小节中有讲到,跨平台链路打通的核心在于人群打通,对于电商平台来说,核心任务和挑战仍然是人群打通,那么电商平台是如何做到的呢?我们以阿里妈妈 Unidesk 举例,阿里妈妈 Unidesk 即阿里妈妈全域媒介工作台,简称 UD。UD 的核心基础是 Uni ID,即每一个人虽然在不同的平台,但是会有一个唯一的身份识别 ID,一般为设备 ID,比如手机序列号。阿里 UD 投放,是一种和社交平台深度绑定合作的形式,它需要在社交平台进行触达和教育,回收 ID 数据,再回到天猫进行收割触达,提升转化效率。

举例来说,某奶酪棒品牌通过阿里妈妈 Unidesk 平台在微博平台对妈妈人群进行广告触达,成功被触达的妈妈会通过 Uni ID 系统被回收至阿里体系,从而平台识别出是哪个阿里账号已在微博被触达,由此可以进行阿里站内的二次触达。比如可以优先选择六一儿童节的场景教育,或者 618、双十一的价格刺激,最后完成收割。

电商大促和营销 IP,电商平台驱动品牌完成闭环营销

电商大促如 618、双十一,营销 IP 如天猫超级品牌日,是当下品牌在电商最核心的营销活动。电商平台主导和发起的电商大促和营销IP，会要求品牌向阿里电商提供一定的站外流量配比，其中营销IP尤为明显。比如天猫超级品牌日，品牌要想赢得超级品牌日的比稿，必须向天猫承诺价值不菲的站外资源的配比，这些站外资源以前是线下的广告大屏投放、有影响力的事件，或者是明星合作。而当前社交媒体时代，站外流量已经从线下转移到线上，原先的主要任务是直接去线下拉人到淘宝天猫购买，现在则主要转变为从社交平台拉人去淘宝天猫购买，其中微博等媒体平台是UD的主要流量来源。这两年，抖音已经成长为日活仅次于微信的社交媒体，也已经成为天猫的主要流量来源。阿里妈妈Unidesk投放，品牌从阿里数据银行导出自己品牌的加密已购人群包，上传到抖音平台，并通过已购人群画像拓展潜在目标人群包，对新客人群进行精准投放以完成产品教育。最后，再将Uni ID回传到天猫，在天猫站内进行收割触达，形成完整的营销闭环，如图6-1所示。

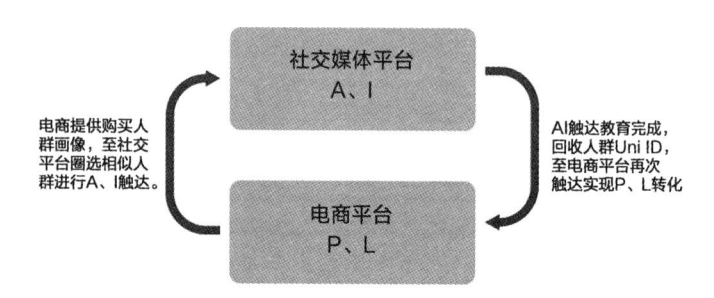

图6-1 社媒–电商闭环营销链路

单一生态的闭环运营

在单一平台内打造闭环,是平台的理想形态,不管是社交平台还是电商平台。

(1) 单一平台形成闭环的必要条件

社交平台的代表平台——得物,原是一个球鞋真假鉴定的平台,后因为鉴定和购买天然的亲近关系,逐渐发展成为一个以球鞋潮物为主的购物平台。得物的闭环打造在小范围内是成功的,但是由于得物本身的流量有限,圈子较为小众,所以影响范围有限。

另一个尝试自建闭环的平台是小红书,从流量规模来看,小红书比得物要大得多,有更好的流量基础。得物更偏男性人群,而小红书则以年轻女性用户为主,从条件上看,小红书在闭环打造上比得物更有潜力,然而小红书的电商始终处于默默无闻的状态。小红书电商难以发展,外因是小红书的强势品类美妆护肤的购买心智仍然在天猫,小红书很难切入购买环节,而一些非标品类店铺在小红书发展势头不错,但并不足以形成较大规模。内因是电商毕竟是另一个专业领域,小红书作为一个社交平台,从数据技术到专业服务,都不成熟,难以形成足够的竞争力。

电商平台如淘宝天猫,早就在尝试触手前伸,打造好物推荐的内容种草平台。阿里也大力推广过如淘宝短视频的项目,试图通过短视频种草吸引和运营新流量。然而和小红书电商能力不成熟一样，淘宝天猫的内容能力也捉襟见肘。声势浩大的淘宝短视频项目，最终只追求数量，而忽视视频质量。品牌草草拍摄，三五百块钱一条剪辑费凑满几十几百条交差，效果可想而知。

由上，我们可以窥见单个平台内完成闭环需要满足以下3个必要条件。

第一个条件是数据能力。平台必须具备强大的数据能力，记录每一个用户的每一种行为，无论是内容浏览、内容互动，还是商品浏览、商品购买，都需要通过数据监测打上精准的标签，这是对用户进行AIPL身份分层分析的基础。阿里数据银行和策略中心的数据，完全具备这一能力，京东稍逊一筹。小红书、B站、知乎等社交平台，目前还没有展示出如此强大的数据能力。而抖音以算法为社交分发，对用户的标签和分层非常精准，同时有10亿的人群数据规模，也完全具备数据能力。

第二个条件是社交能力。即用内容留住用户、影响用户，电商平台如淘宝、天猫、京东显然都不具备，而抖音、小红书、B站、知乎虽然人群规模各有差异，但都各有特色，都可以用自己的内容吸引和影响用户。

第三个条件是电商能力。这显然是社交平台的硬伤，小红书想做但能力不具备，B站、知乎基本没有想过要大规模打造自己的电商平台。事实上，电商能力对于抖音同样是巨大的挑战，但是这些年字节系凭借强大的执行能力已经在各个领域开疆辟土，而电商这一领域又在抖音海外版Tiktok被限制之后，变得非做不可。因此，抖音投入大量的人力补齐电商能力短板，同时对外高调宣布投入电商，为打造平台闭环提供了条件。

（2）抖音平台的闭环生态

抖音的内容形态提供了海量人群基础

抖音是个短视频内容平台。社交媒体经历了以文字为内容载体的博客时代，图文结合的微博和微信公众号时代，到如今是声画同步的短视频、中视频时代。和中视频相比，短视频更符合当下快节奏的需求，因而成为最主流的内容形式。抖音最大的卖点是算法——根据用户的兴趣爱好，推送用户感兴趣的内容——这改变了人和内容的交互模式，从以前的人找内容，变成了现在的内容找人，而且在大数据算法的介入下，可以做到精准找人。因此，用户沉迷在平台"投喂"的海量精准内容中无法自拔，日均使用时长大幅提升。

抖音短视频内容的另一个特点是门槛极低，原先被排除在外的低线城市中老年用户纷纷成为抖音用户。传统的图文时代，用户至少要识字，如果想要参与互动，还要会输入，这就把很多中老年人排除在外，所以以往的社交媒体都是以年轻人为主。微信的语音输入和视频聊天功能加入后，吸引了一部分中老年用户，而抖音的短视频以及自动推送精准内容，使得进入几乎没有门槛。我们看到大量中老年人成为抖音的重度用户，他们不仅浏览视频，而且能通过抖音上的自动美颜、滤镜、贴纸等功能参与视频发布。

这大大扩充了中国网民的数量，抖音最新的日活跃用户接近8亿，这为抖音打造闭环生态提供了人群基础。

抖音闭环的最后一环——兴趣电商

抖音最开始的电商形态是直播。电商直播是从淘宝兴起的，淘宝创造了双十一直播销量百亿级别的顶流达人，但却始终依赖于他们，没有把直播孕育成一个更健康、更繁荣的生态。快手的直播也比抖音要早，从一开始的秀场直播，发展到卖货直播，辛巴家族是其典型代表。快手除了辛巴家族这样的顶流，还有无数个卖产地农产品的小商家，所以生态更加饱满。抖音直播充分利用后发优势，既吸取了淘宝生态上的教训，又在货品上比快手更品牌化。同时抖音大量扶持明星带货，罗永浩、贾乃亮等明星的示范效应，加上大狼狗夫妇等网络红人的火爆，使得抖音直播"叫好叫座"。

抖音在2021年初正式提出兴趣电商概念。抖音的内容是基于平台算法按兴趣分发的，货品同样遵循兴趣分发逻辑。即当一个潜在消费者在抖音平台进行内容浏览，比如该用户最近30天浏览了大量的祛痘攻略内容，可以认定该用户近期有祛痘需求，抖音平台根据该潜在消费者的兴趣标签，即可将某款祛痘精华的产品推送给该用户，展示该产品在祛痘方面的独特卖点。在618、双十一大促节点推送卖点种草信息的同时，附带优惠信息，促成最终成交，形成完整闭环，这就是兴趣电商的典型面貌。

从这个过程中也可以发现，兴趣电商对比天猫、京东等类型的电商，不仅仅局限在成交环节，还触达了种草环节。天猫、京东解决的是你想买时怎么买的问题，而兴趣电商触及的是在你还没想好买还是不买时，平台通过内容让你下定决心购买，这种全链闭环天然具有获取新客的优势，在新品上市、品牌破圈等场景效果下尤其明显。

（3）抖音平台的消费者行为旅程

抖音闭环触点，各司其职且环环相扣。

抖音作为一个日活近 8 亿的社交平台，广告产品一直是其主要的收入来源。这些营销产品的设计在闭环链路中扮演重要角色，这里主要介绍以下 7 个核心营销触点。

触点 1：Topview/ 开屏

这是用户打开抖音 App 时就会看到的广告内容，一般是品牌的形象广告。由于用户打开 App 的主要目的是浏览感兴趣的视频内容，在开屏阶段有强烈的要进入内容的需求，因此 Topview/ 开屏类广告时长不长。较短的时长要求限制了信息容量，所以该触点的内容只能起到轻度告知作用。为了能在短时间内给潜在消费者留下较深的印象，Topview/ 开屏的信息需要精简，以突出亮点信息，如明星代言、品牌主张等。Topview/ 开屏的主要特点是 CPM 较低，触达效率高，可以保证在一定金额的投入下触达较多的人。

触点 2：达人视频内容

每一个内容背后都有一个创作者，创作者又分为普通用户创作者和星图报备创作者，星图报备创作者即我们常说的达人。星图达人的信息集中在星图后台公开展示，展示内容包括公开透明的报价、粉丝数、内容数据、带货种草数据等等。达人种草内容基于达人自主创作能力，可以用 60 秒以上的内容对产品进行讲解，完成较为深度的产品教育。和 Topview/ 开屏相比，达人视频的 CPM 没有优势，但是教育效果更好，在闭环环节主要发挥种草作用。

触点 3：内容流量如抖加和内容热推

内容流量顾名思义是为内容服务的，设计的初衷是给达人自己的内容加热。假设一个达人当前还是一个成长期的美妆达人，她自信自己的内容质量可以吸引更多人，所以愿意花钱购买抖加流量。抖加流量可以投放给系统自动推荐的人群，也可以自己选择和本账号相似的达人粉丝人群进行定向推送。抖加流量门槛较低，起投量只需支付 100 元，如果投放效果好，可以增加投放。相对来说，内容热推的门槛更高一些，起投量更高，且投入之后，即使效果不好也不可撤回。内容流量一般会用在内容投放初期测试流量，相当于给内容增加了自然流量以外的曝光，同样主要起着引导消费者种草的作用。

触点 4：竞价信息流

竞价信息流有两种：一种是源生信息流，即在达人源生发出的内容基础上投放的信息流,叫达人竞价信息流;另一种是剪辑信息流,即将内容素材通过剪辑之后,以品牌账号发出,并添加竞价信息流。竞价信息流的关键在出价策略和人群圈选,对投放要求非常高。竞价信息流的作用是以达人内容为基底,触达更多的人,在闭环环节上仍然属于种草环节。

触点 5:抖音搜索

抖音搜索是最近才被重视的触点。起先,用户在抖音并没有搜索习惯,抖音的内容为算法推荐,即内容找人,而不是人找内容,所以用户用不上搜索功能。随着抖音逐渐成为国民 App,用户开始拓展其功能,比如遇到一些生活问题,开始在抖音寻找答案,而抖音上的达人也开始拍摄各类视频教程,由此,近一年抖音搜索迅速起量,当前日均搜索量已经突破 4 亿次。我们通过抖音后台数据看到,每当有优秀达人种草内容投放,该品牌的产品搜索都会有较大涨幅,即抖音内有价值的种草可以刺激潜在消费者在平台内进行主动搜索,以获取更多信息,而这个主动搜索行为可以被认定为是对该品牌或者产品有深度兴趣的行为。因此,主动搜索在整个闭环链路属于深度兴趣环节。

触点 6:直播间和千川投放

抖音平台的收割形式主要有两种:一种通过直播收割,一种通过短视频收割。直播又分为达人直播和品牌自播,当前直播主要以达人直播为主,未来抖音期望每个品牌的自播间都是一个品牌在抖音的旗舰店。千川投放是针对所有可以直接引导至抖店下单的内容和直播间进行的流量投放。直播间和千川的目的都是提高收割效率，在整个闭环链路中属于成交环节。

触点 7：品牌蓝 V 账号

品牌蓝 V 账号是在抖音平台的主阵地，一般关注品牌蓝 V 账号的人，被认定为是品牌的忠实拥护者。理想的情况下，品牌的抖音蓝 V 应该拥有大量的粉丝人群，但由于抖音是一个内容场，而品牌大都没有在抖音平台发展出能和达人抢流量的内容能力，所以当前品牌的蓝 V 账号粉丝有限。也有一些品牌的蓝 V 账号，由于一开始就是以直播福利为吸引点，慢慢累积了大几百万的粉丝人群，如花西子等。品牌蓝 V 在闭环链路中属于忠实拥护环节。

图 6-2 展示了巨量云图平台关于不同受众触点的分析。品牌可以通过巨量云图平台提供的功能，对人群资产的触点来源构成进行定量分析，并进一步优化投放传播策略。

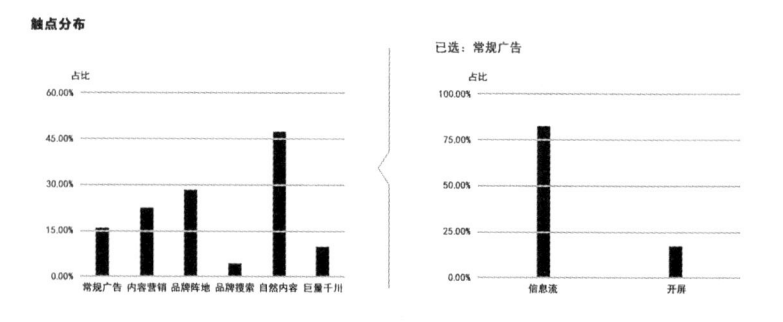

图6-2　抖音平台触点分析举例（以巨量云图平台界面示例）

我们假设一个完美的消费者旅程如下：打开抖音 App 看到某品牌的开屏，留下了浅浅的品牌影响，第二天在抖音刷到了一个自己喜欢的达人视频，详细拆解了之前看到广告的那个产品，产生了想要进一步了解的兴趣，随后去抖音进行了搜索，发现该品牌正在直播，点击进去看到直播间下单有优惠，随后进行了下单，下单完为了方便找到品牌店铺跟踪物流信息，随手对品牌抖音蓝V 进行了关注。在这整个闭环链路中，受众都是同一个人，单个平台的闭环最大的特点就是可以对同一个人、同一群人实现闭环。

通过后台数据，我们还可以查看已购人群被品牌触达次数和成交的关系，找到品牌和产品的最高效触达次数。如某电器品牌的触达曲线展示，该品牌产品的最优触达次数是 7 次，7 次以前每增加一次触达，成交率都有相应的提高，而 7 次以后，成交率并没有再变化。考虑到触达成本不变，7 次以后的触达边际效益递减，可以将该品牌的最高触达设定为 7 次，7 次不成交可在一定周期内不再触达，转而寻找新的目标人群进行投放，以提高投放传播效率。

（4）如何在抖音平台完成闭环运营

数据运营能力，是抖音闭环运营的核心能力。

抖音真正引起品牌的广泛关注是因为很多新锐品牌在抖音尝试效果投放，达成了很高的 ROI，催生了不少 0 到 1 的品牌。高ROI 投放现在看来更像是一个吃到平台流量红利的短窗口期，一旦参与竞争的品牌增多，流量就不再充裕，高ROI也就难以维系。最终每个平台都会从流量红利过渡到经营红利，流量红利比的是谁能更快更勇敢地尝试，而经营红利需要品牌系统性精细化运营的能力。

当下精细化运营的能力中，第一个具体的能力就是数据运用和赋能的能力。每一次的策略和投放以数据为基础进行合理假设，并且通过数据检验投放效果，这是数据能力的最直接表现。数据能力更大的价值是通过数据检验本品牌的资产，即人群资产和内容资产。

巨量云图，是抖音闭环运营的全域看板。

在新的营销需求下，抖音推出品牌资产管理平台——巨量云图，巨量云图打通了Topriew/开屏广告投放数据、星图达人种草数据、信息流投放数据以及直播间抖音小店成交数据，形成一个全域全链路的闭环平台。如图6-3所示，巨量云图主要有以下功能。

品牌人群资产管理

与阿里数据银行类似，巨量云图详细展示了品牌从O（opportunity）即机会人群到5A（aware、appeal、ask、act、advocate）即了解、吸引、问询、行动、拥护人群的总量，具体到每一个A的人群体量，每一个人被定义为"aware认知"还是"advocate拥护"人群都有具体的标准，比如被广告或者达人视频曝光过一次的计入认知人群，曝光多次的或者有互动行为的则计入appeal吸引人群，有过抖音品牌或产品搜索行为的会被计

第六章 闭环营销 / 189

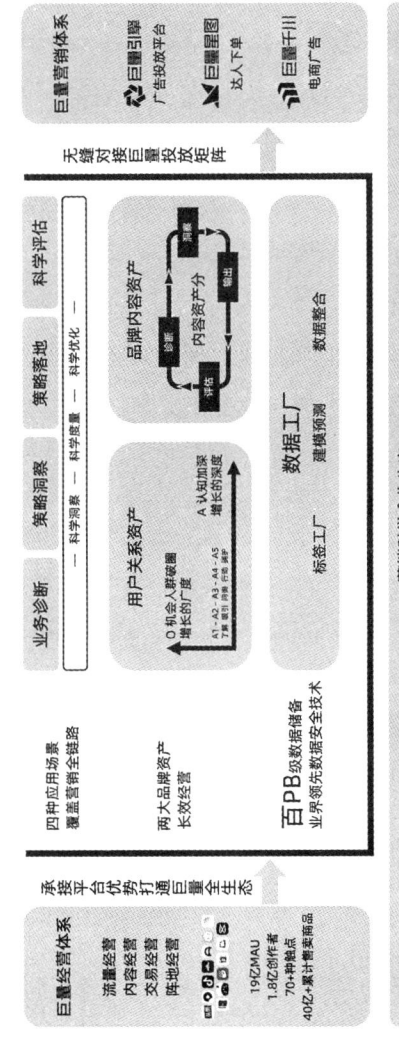

图6-3 巨量云图的主要功能与体系

(来源:巨量引擎营销科学市场团队2021年11月发布的《巨量云图营销通案》)

入 ask 问询人群，act 行动人群是只产生下单购买行为的人群，advocate 拥护人群则主要是指品牌蓝 V 粉丝人群。

品牌在抖音平台 5A 人群的大小，即品牌在抖音影响力的大小。如图 6-4 所示，品牌可通过与自己设置的行业品牌 Benchmark 水平（如中位数、前 N 名或前 X% 品牌）进行对比，也可以和自定义的若干竞争品牌平均水平进行对比，自检本品牌在抖音平台的影响力是否符合品牌的预期。品牌同时需要分析本品牌从 O 到 5A 人群的闭环链路是否健康，在哪个环节表现较好，以及在哪个环节产生了断链现象，影响了最后的成交。我们通过查看某电器品牌的人群资产，发现该品牌的 A1 人群非常充足，这主要得益于品牌投放了足量的品牌广告。A2 和 A3 人群也较为合理，原因在于品牌本身在行业内属于头部品牌，自然内容和自然搜索量大，同时本品牌的达人投放及信息流的效率很高。但是我们能明显看到 A4 人群出现了跳崖式的断链，引起这种断链现象的原因主要在于该品类客单价高、决策周期长，品牌的购买心智倾向于服务更有保障的天猫、京东平台。另外，该品牌的抖音直播间刚开始运营，抖音域的收割承接能力还不完善。通过诊断整个链路的"木桶最短板"，可以很明显得出在整个营销闭环中，品牌抖音小店以及自播间需要加强的结论。

本品牌A1 xx,xxx,xxx　xx.xx%		对比品牌A1 xx,xxx,xxx　xx.xx%
本品牌A2 xx,xxx,xxx　xx.xx%		对比品牌A2 xx,xxx,xxx　xx.xx%
本品牌A3 x,xxx,xxx　xx.xx%		对比品牌A3 x,xxx,xxx　x.xx%
本品牌A4 x,xxx,xxx　x.xx%		对比品牌A4 x,xxx,xxx　x.xx%
本品牌A5 x,xxx,xxx　xx.xx%		对比品牌A5 x,xxx,xxx　xx.xx%

图6-4　巨量云图5A人群关系资产分析示例

品牌人群资产管理的目的是对不同的人群进行特定目的的营销。通过与品类人群的对比，可以找出已经对竞品产生兴趣但是还没有被本品触达的人群，这一类人群叫机会人群，或者同时被本品和竞品吸引的摇摆人群。在云图平台，可以直接对这一群人进行人群圈包，并推送至投放平台，通过匹配合适的内容建立相应计划，进行针对性投放转化。品牌也可以通过本品牌的5A人群资产，和达人的粉丝进行匹配，寻找与品牌相关性高的达人进行合作，从而达到精准投放的目的。

人群资产运营的最终目的是高效收割。通过将O人群以及A1至A3人群分别引入品牌直播间，会明显发现A3人群的ROI高于A2、A1人群，而A2、A1人群又高于O人群。另一个验证此效果的案例来自我们对达人的重复投放。实践证明，当达人进行了第一次投放，粉丝人群中有大量的人完成了aware的效果，当达人进行第二次、第三次投放的时候,则开始进入 A2、A3 环节,人群教育效果较好。单个品牌与单个达人的最佳合作次数在 4~6 次 / 年。

内容资产管理

内容资产,是抖音平台品牌资产的基础。如图 6-5 所示,巨量云图平台将品牌投放的内容聚合在一起,并通过不同的指标进行排序。可通过曝光量、点击量排序找到流量大的素材,也可通过 CPM、CTR 排序找出投放效率高的素材,还可以通过转化指标如转化数、CVR、单次转化成本,和直播指标如直播间观看数、直播间观看时长等排序找到转化效果好的指标。如果将以上数据指标综合到一条素材身上,并加以重要性权重考虑,可以得到一个内容的综合评分,这个综合评分就是对当前云图平台在汽车和美妆护肤品类上对内容资产分进行的评估,我们可以直接通过一条内容的内容资产分评估这条内容的价值大小,通过流量获取、投放效率、转化效果等维度找到最理想的素材,可帮助品牌参考理想内容模型进行内容批量化生产。

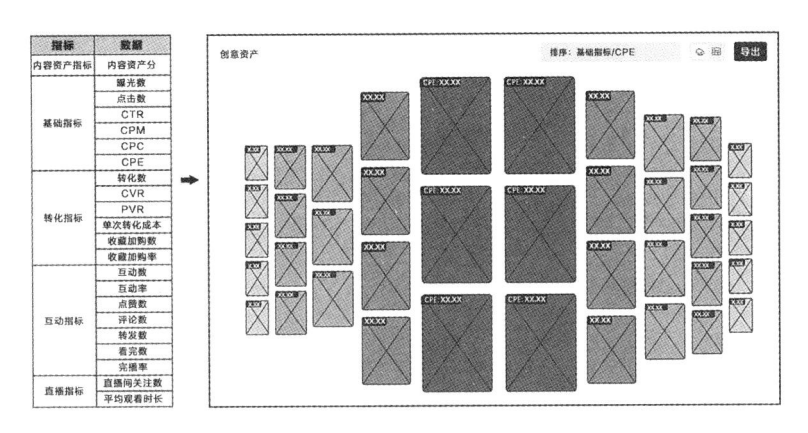

图6-5　巨量云图创意内容资产指标构成及界面示意

人群和内容都是品牌重要的认知资产。一家公司对于自身品牌的认知程度，最重要的表现就是对自身品牌人群和内容的认知程度。一个专业合格的品牌营销人，应该能够具体描述出品牌的目标人群分类和特点，以及分别打动这类人群的核心卖点，清楚地知道最后用什么场景的内容触达和教育效果最佳。抖音闭环的运营对营销人提出了更高的要求，它既需要营销人有全局观，全链路综合评判和投资的能力，又需要营销人能够洞察具体微观的环节，找到所存在的问题症结，并提出下一步优化放大建议。它也要求营销人既要有生意思维，又要有创意感觉。抖音的闭环营销要求营销人以生意思维驱动创意感觉，以创意感觉带动生意思维。即对于一个内容，既要思考它背后的生意策略和目的，也要思考它前端与目标人群的化学反应。

流量外逃与护城河打造

我们在抖音闭环运营的内容里，探讨了在抖音这个平台内的完整闭环路径，这是一种理想的闭环模型，事实上，平台内每个链路都有可能发生流量外逃的情况。流量外逃主要是目标人群的主动行为，一般来说有规律可循，但同时又无法阻止。所以当我们说某一个平台是主营销阵地的时候，并不代表不需要在其他平台有任何布局行为，而是应思考用什么样的营销方式能达成事半功倍的效果。

（1）全链路各环节的流量外逃

我们仍然以抖音举例，全链路环节的流量外逃主要集中在两个环节：一个是搜索，一个是成交。

搜索行为，我们有一个形象的词叫"验草"。验草处于种草和拔草之间，当一个目标潜客被达人内容种草，已经产生购买拔草的冲动，但是在拔草之前他需要进行验草，即验证这个产品的卖点和效果是不是真的如呈现的那样客观。典型的验草行为如去天猫看商品评论，如果评论里的内容和种草内容是一致的，那么他会有极大的可能完成拔草。如果评论里出现负面评论，则拔草行为会停止。

有些品类的成交有明显的平台心智。比如3C家电、宠物粮的平台成交心智是京东，我们曾经在这两个品类用同样的内容触达相同的品类人群，发现京东的成交 ROI 最高。对于像 3C 家电和宠物粮这样的品类，即使种草环节是发生在抖音或者小红书，它的成交大概率仍然会回到京东。而美妆护肤第一心智是天猫，这一品类的成交外逃也不可避免地会发生。

（2）影响外逃的主要因素

平台的差异，决定了流量外逃必定会发生。

没有完美的平台，在一个健康的生态下，各个平台各司其职。有的平台如微信，天生适合私域运营，有的平台天生适合"验草"，比如知乎。知乎与微信、抖音、小红书相比，算是比较"小众"的平台，但是越是小众的平台，定位越是清晰，知乎的口号是"有问题，上知乎"，就是一个解答问题的平台，且比其他平台有更理性的观点输出。这样一个平台天然适合如 3C 家电、汽车这一类产品的验草环节，这个功能甚至是无可替代的。然而知乎这样一个天然适合验草的平台，自身流量又有限，无法实现大规模的触达，最终就需要和流量巨大的抖音达成非官方层面的合作。

成交的外逃更是由平台属性决定的。当前社交平台中，只有抖音电商有一定规模，其他各大社交平台变现的方式只能是广告流量费，所以对于社交平台来说，不但不会限制成交外逃，反而会欣喜看到成交外逃。小红书种草的效果衡量体系中，平台和品牌都很渴望知道，当小红书进行了种草营销之后，电商是否会有搜索正相关。

（3）主流平台流量的相互外逃及对策

我们谈论了闭环链路中最容易发生的外逃环节：搜索外逃和成交外逃。那么，面对主流平台之间的流量相互外逃，品牌应当采取怎样的对策？

搜索外逃，需要做好流量拦截

第一类搜索外逃发生在社交平台之间。比如抖音以强大的算法，将有潜在需求的目标用户分离出来，进行种草触达。该目标用户产生了验草需求，他可以选择在抖音内进行搜索验草，也可以选择去抖音外进行验草。典型美妆护肤品类女性人群，会优先去小红书搜索笔记，查看小红书的横向测评，对比该产品的优劣势。如果是家电品类的男性人群，会优先去知乎进行搜索，查看知乎大牛对该品牌及该产品的拆解分析，同时也有人会去B站进行搜索，看看B站UP主的开箱测评。如果是潮鞋潮物品类的人群，会优先去得物进行搜索验证。品牌可根据自身的品类属性，以及目标消费者的习惯，确定流量外逃的方向，进行目标锁定。

对于社交平台间的流量外逃，需要清醒地认知主阵地和外逃平台的主次关系。外逃平台作为防守平台，最重要的是做好流量承接。具体做法主要围绕搜索指数优化（search engine optimization，SEO）和搜索指数营销（search engine marketing，SEM）展开，比如抖音外逃至小红书平台，进行品牌词或者品类词搜索，无论是SEO还是SEM都需要保证当外逃的流量进行特定关键词搜索时，本品牌的笔记能够被搜索到并在前排展现。这要求品牌在该平台展现高质量笔记，将外逃流量拦截在拔草的必经之路上，而不需要花费大量经费铺量。

第二类搜索外逃发生在社交平台与电商之间。当我们在抖音或者小红书进行系列种草的时候，电商的搜索指数变化成为一个显性衡量指标。当社交平台效果达到预期时，逃逸从社交平台到电商平台，则涉及跨部门的联合作战，需要社交部门的同事提醒电商部门的同事，近期会有哪些关键词的搜索发生，提前做好预埋和拦截。

成交外逃，应当做好流量承接

成交外逃，大多是由于消费者对下单平台的认知。作为单个品牌，强行要求改变消费者的平台心智认知很可能适得其反，只能等整个平台发展到一定的阶段，消费者自行适应。我们回想，最初消费者购买家电类的商品也不敢在电商平台购买，因为怕买到假货，或者售后服务没有保障，而是优先倾向于在线下门店购买。但是随着平台的服务提升，旗舰店确保正品，人们的购买习惯自然而然转移到了线上电商。

（4）All-in+ 护城河模型

"品类通杀"策略，是指少数品类的头部品牌拥有足够充分的资源，可以在各主流社交平台实行饱和式资源投入。大部分品牌，资源有限，与其平均分散在各个平台，每个平台都打不透，不如专精在一个平台，即所谓的 All-in 策略。All-in 策略有其冒险性，如鸡蛋放在了同一个篮子里，所以选择合适的平台就至关重要。

有一次我们和某知名社交平台商业化负责人聊天，他说道，自己不是该平台的用户，所以几乎不会玩，但是这不妨碍他对这个平台有本质的了解。因为他可以看数据，根据数据做出理性的判断。这让我们深受启发：真正判断品牌选择哪个平台投资，应该靠理性数据和洞察，而不是个人的喜好。

众引传播在为品牌进行平台评估和筛选、制定社交平台媒体策略时，会采用一套 4C 模型。如图 6-6 所示，社交平台媒体策略 4C 模型，分别通过 category 即品类适配、competition 即竞争环境、content 即内容适配、checking 即投后度量 4 个维度，进行社交平台的评估和选择。

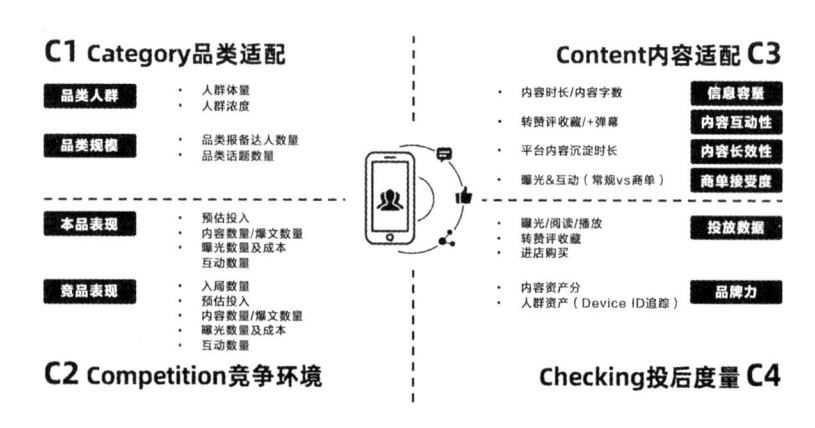

图6-6 社交平台媒体策略4C模型

C1—Category 品类适配

品类适配，是我们选择某个平台、放弃某个平台时最重要也最基础的维度。品牌所处品类的人群体量和浓度，是品牌和该平台是否适配的最基础的判断依据。同时，我们也需要去看该平台的品类规模，也就是当前该品类在平台的商业发展阶段。我们可以取品类话题数量和品类报备达人数量的数据作为评估依据：品类话题数量越多，说明该品类发展阶段越高；报备达人数量越多，则说明营销商业化程度越高。

C2—Competition 竞争格局

竞争格局是评估品牌在平台机会大小的重要维度。我们首先需要计算本品牌在该平台的竞争力如何，可以通过分析本品牌内容数量和热文爆文内容数量得知。同时也需评估品牌之前是否已有投入，投入效果如何，这个可以从达人投入、硬广投入等方面评估。然后，我们再评估竞争对手在该平台的内容数、互动数等数据，计算竞争对手的平台实力。通过对比本品与竞品的实力，并且知道差距有多大，可以帮助品牌找到更合理的目标和规划更合理的投入。

C3—Content 内容适配

内容适配，是评估该平台内容是否能帮助完成品牌传播目标。每个平台的内容有自己的特点，对品牌传播来说最重要的是信息容量、内容互动性、内容长效性和商单接受度这4个方面。信息容量不只代表该平台的内容本身能容纳多少信息，更代表该平台的受众能接受多少容量的内容。比如知乎的用户可以看3000~5000字的深度解析，B站可以看10分钟左右的长视频，所以这两个平台的受众对大信息容量的内容接受度是最高的。大信息容量又天然适合汽车、家电等长决策周期的大件商品，这也就是为什么知乎和B站虽然GMV维度体量并不大，但是客单价最高。内容的长效性也是品牌最为关注的点，一般认为长效性好的回报价值高。长效性会随着平台发展而发生变化，品牌最初对抖音最大的担心在于，时效太短，自然内容只有3到5天的流量。但是随着抖音搜索的习惯养成，几个月以前甚至1年以前的高热度内容会被搜索展现，抖音的长效价值正在变大。

C4—Checking 投后度量

投后度量是指平台对投放价值的数据评估能力。关于营销价值评估，品牌有过两个极端：一个极端是只重视大曝光，另一个极端是只追求高ROI。当前普遍认可的评估维度是人群资产，阿里的AIPL，抖音的5A，都是关于人群资产的数字展现。社交媒体平台的另一个评估维度是内容资产沉淀。有价值的投后度量，一定可以从翔实的数据维度进行评估和分析，并从中找到营销提效机会。

通过以上4个维度的数据，我们给品牌呈现出了一张社交平台的全景地图，旨在帮助品牌找到最具价值或者最有机会的平台进行All-in经营。同时考虑到不可避免的流量外逃时，我们需要在All-in平台外围建立护城河，即当有流量外逃时，做好拦截接收。

我们以小红书为护城河平台举例，护城河平台不需要通过量的覆盖去获客，只需要有高质量的笔记保证被搜索到，就能起到拦截作用。这就指向品牌需要做好 SEO 和 SEM，前者是自然内容通过优化被搜索到，后者是直接购买搜索点位进行展现，直接的对比是，消费者在 SEM 体验中可以看到广告标识。而 SEO 的内容更自然，没有广告标识，信服力更高，所以在护城河拦截中 SEO 更为重要。

综上，如图 6-7 所示，All-in+ 护城河的模型，即通过数据筛选出一个主平台（比如抖音），进行全链路深度营销（从内容、流量到转化），并且在护城河平台（如小红书）重点做好搜索拦截，最终主副平台相互配合，以最少的资源达成最高效的传播目的。

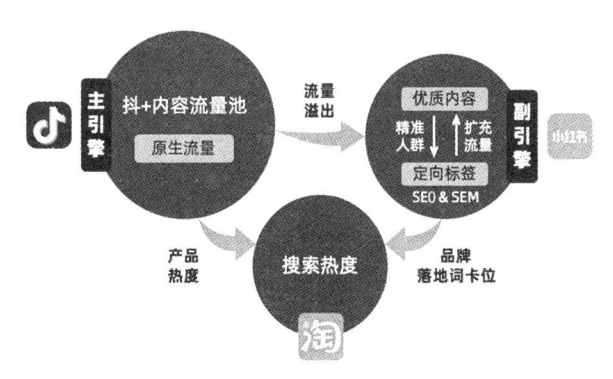

图6-7 All-in + 护城河模型举例（All-in抖音+以小红书为护城河）

第七章
资源布局

第七章 资源布局

本书前面的章节，我们分别从人、货、场的不同角度探讨了品牌增长。基于人群和品类制定品牌核心增长策略，以精准试错和闭环营销的核心思想进行营销场景的落地实施。作为本书的最后一个章节，本章我们将聚焦如何把人、货、场3个因素整合到一起进行营销模式设计和营销资源布局，即如何基于用户（人）在不同品类（货）的购买行为进行营销场景（场）的资源分配。同时，我们也会将竞争因素纳入考量，探讨如何在全链路投放中选择适合自己的竞争策略、参与竞争博弈。

资源分配与布局，是品牌增长策略最重要的外在表现，是综合人、货、场3个因素之后做出的整体营销决策。企业和品牌的增长策略，不是听老板怎么讲、广告怎么说，而是看钱怎么花。企业管理层的首要职责，也是做资源分配的决策。

这项决策的背后需要进行一系列的策略问题思考：品牌的营销模式、投放模式应该如何设计？在营销传播上面对竞争对手的博弈策略又是什么？

营销资源的布局策略，通常可以从两个视角进行问题思考：对外视角——把钱投到哪些平台和触点上（场）？对内视角——把钱投在哪些品类和产品上（货）？这也是品牌增长策略的两个核心要素。但针对这两个要素做出的决策，其出发点都必须是品牌增长策略最根本的要素——用户（人）。

同时，也需要用竞争思维来审视营销传播的资源布局——哪些地方应该避其锋芒？哪些地方应该做好防守？而哪些地方才应该加大投入、形成局部的压倒性优势？

对外看——钱要投到哪些平台和触点[①]

在数字化的社交媒体环境下，平台丰富、触点分散、形式多样，需要品牌就如何投放做出细致的分析和规划。在实际操作中，很多品牌往往会采取简单粗暴的方法——看ROI。哪个平台、哪些触点的ROI更高，就将费用更多地投到哪里。但正如我们之前章节所提到的，如果把这种局部的"赛马"思维用到整个传播策略和费用规划上，往往就会陷入流量越来越贵、ROI越投越低的困境。

那么，品牌应该如何以更全局的视角对传播费用在不同平台、触点进行规划和布局呢？

（1）从用户行为链路视角看平台和触点的作用

营销传播的目的，是通过对用户心智的改变和积累，最终达成用户行为不断加深的目标。因此，品牌在思考营销资源布局时，

---

① 触点是指一个平台上不同的具体广告/内容形式及点位（如开屏广告、信息流、达人直播、达人种草等等）。

首先得理解不同媒体平台和触点形式在用户行为链路上所处的位置和作用。

阿里提出的 AIPL 消费者运营模型中，对品牌用户资产的最基本定义，就是与品牌有过各种主动与被动接触行为的用户的总和。而这些用户，又可以根据所处行为链路的不同深度，进一步进行分类（见图 7-1）。从品牌的被动曝光于用户面前到用户对品牌感兴趣，再到主动购买品牌产品，对品牌有一定的忠诚度的这一过程之中：首先看到过或者应该看到过品牌的人群叫 A（awareness 认知）；其次，I（interest 兴趣）人群对品牌产生过感兴趣的行为（比如搜索、收藏、加购等）；接下来就是产生了 P（purchase 购买）行为的人群；最后的 L（loyalty 忠诚）就是对品牌有好评、有复购。

AIPL 是天猫对品牌用户资产的定义，也是对消费者行为链路不同阶段的定义。其本质思维和西方经典的 AIDA 营销模型是相同的。AIDA 模型诞生于 19 世纪末，早在近一个世纪前就已经被引入广告行业，成为第一个广告效果评估测量模型。而今天我们看到的不少数字时代的营销模型，其实也是与 AIDA 模型"大同小异"的各种版本（见图 7-2），天猫叫 AIPL，京东是 4A 人群、字节跳动的 5A 人群，还有增长黑客版的海盗模型 AARRR，其本质思维都是对用户心智的持续影响和行为的不断加深。

awareness认知

15天被动曝光过
（应该）看到过

awareness认知： 消费者相对被动与品牌接触。包括：
曝光&点击： 15天内，被阿里妈妈广告曝光过或点击过阿里妈妈广告，或被优酷广告曝光过，或被超级品牌日天猫手机客户端的资源位曝光过，或被欢聚日活动曝光过，或被聚划算曝光过，或被淘抢购曝光过，或被手淘导购平台（有好货、生活研究所）的商品曝光过，或点击过必买清单的商品，或点击过猜你喜欢的商品，或被淘宝头条内容曝光过（阅读了淘宝头条文章），或被微淘内容曝光过，或被天猫快闪店的品牌活动曝光，或被天合计划资源曝光或点击（包括天合代币置换站内资源曝光点击人群、流量宝流量反哺曝光点击人群、TOP计划曝光点击人群），摇一摇曝光。
浏览： 15天内，浏览了品牌号站点页面，或浏览了互动吧页面，或浏览过超级品牌日活动页，或浏览过天猫超市大牌狂欢活动页，或在试用中心浏览过品牌商品，或发生过无品牌倾向搜索且点击，或浏览过品牌旗舰店，或浏览过1次品牌商品，或浏览iStore小程序主页。
观看： 15天内，观看过淘宝短视频，或观看过品牌的直播。
注意： 品牌属性的触点只会归属品牌AIPL，不会归属二级类目AIPL，例如，以下触点（付费广告，品牌号，超级品牌日，欢聚日，直播，淘宝头条，微淘，天合计划，线下门店，快闪店，智能母婴室）的消费者仅归属品牌AIPL，不会归属二级类目AIPL。

interest兴趣

15天主动搜/互动过
收藏/加购/试用过

interest兴趣： 消费者主动与品牌发生接触。包括：
会员： 品牌授权店铺的会员。
粉丝： 品牌号订阅粉丝，互动吧关注粉丝，微淘粉丝（同收藏了授权店铺）。
即，只要处于会员或粉丝状态就属于兴趣。
互动： 15天内，参与了品牌号互动（预约了品牌服务）；或在品牌互动吧有以下互动行为（愉悦核销成功，领取了新享样品，完成了新零售订单，擂台答题成功，参与乐透抽奖，参与新零售贩卖机互动，参与60s课堂）；或在试用中心申请过品牌商品试用；或参与了淘宝头条互动（对淘宝头条内容进行了评论、点赞、分享、收藏、参与过淘宝头条的提问、投票）；或参与了微淘互动（对微淘内容进行了评论、点赞。收藏、转发）；或参与了天猫快闪店的品牌互动；发生了有品牌倾向搜索；淘宝彩蛋分享扫码；或参与了天猫母婴室互动（领样、加会员粉丝）；或直播间进行了关注、评论、点赞、分享行为。
浏览： 15天内，浏览过该品牌商品。
收藏/加购： 15天内，收藏/加购过品牌商品的消费者，预售付定金。
领取试用装： 15天内，在菜鸟驿站领取了试用装，在线下门店随身购物袋扫码。

purchase购买

买过/最近买过
（2年半/1年内）

purchase购买： 最近2年半（2×365天+180天），购买了品牌商品的所有消费者（包括在品牌号通过Passport支付购买的消费者、预售付尾款的消费者、购买商品后淘宝彩蛋扫码人群、线下云POS支付的消费者、用IStore小程序购买的消费者、在会员挑战赛中报名且购买达标的消费者）减去“loyalty忠诚”的消费者。
活跃购买： 最近365天内购买过品牌商品的消费者。

loyalty忠诚

1年内重复买过
1年内评论夸过

loyalty忠诚： 365天内有过正向的评论/正向的追评，或365天内购买过该品牌商品（包括在品牌号通过Passport支付购买的消费者、预售付尾款的消费者、线下云POS支付的消费者、用IStore小程序购买的消费者）的消费者。

图7-1　阿里巴巴AIPL消费者运营模型的不同人群定义

（来源：根据2022年5月22日阿里巴巴品牌数据银行界面内容整理）

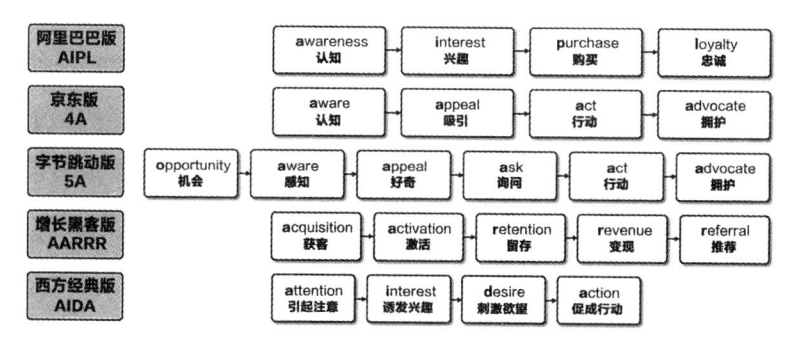

阿里巴巴版 AIPL		awareness 认知	interest 兴趣	purchase 购买	loyalty 忠诚
京东版 4A		aware 认知	appeal 吸引	act 行动	advocate 拥护
字节跳动版 5A	opportunity 机会	aware 感知	appeal 好奇	ask 询问	act 行动	advocate 拥护
增长黑客版 AARRR		acquisition 获客	activation 激活	retention 留存	revenue 变现	referral 推荐
西方经典版 AIDA		attention 引起注意	interest 诱发兴趣	desire 刺激欲望	action 促成行动

图7-2 AIDA模型和大同小异的各种版本

我们可以使用AIDA模型来分析不同媒体平台和传播触点在用户行为链路中的位置与作用。不同的传播触点（比如开屏广告、图文信息流、达人短视频、达人直播、电商直通车搜索广告等），会因为其内容、形式的不同，在用户行为链路中处在不同的位置、起到不同的作用。而不同的媒体平台，虽然都是由多种传播触点组成，但也会因为其提供的信息、内容以及在受众心智中的定位不同，从而对用户行为链路的不同环节产生不同的影响。

如图7-3所示，我们首先可以从两个维度对不同媒体平台和传播触点进行分类。

媒体平台（部分举例）

- 吸引关注型
  - attention 引起注意：影音视频
  - interest 诱发兴趣：短视频
- 说服转化型
  - action 促成行动：电商平台
  - desire 刺激欲望：搜索引擎、知识信息/垂直兴趣

（流量型 ←→ 内容型）

传播触点（部分举例）

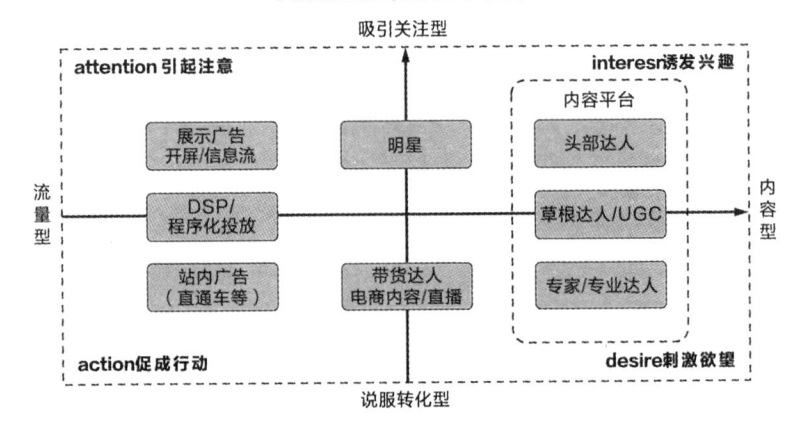

- attention 引起注意
  - 展示广告 开屏/信息流
  - DSP/程序化投放
  - 站内广告（直通车等）
- interesn 诱发兴趣
  - 内容平台
    - 头部达人
    - 草根达人/UGC
    - 专家/专业达人
- 明星
- 带货达人 电商内容/直播
- action 促成行动
- desire 刺激欲望

（流量型 ←→ 内容型；吸引关注型 ←→ 说服转化型）

图7-3 以用户行为链路视角看不同媒体平台和传播触点的作用

维度一：流量型或内容型

流量型媒体平台或传播触点有较大的受众人群触达规模，一般更适合品牌进行目标用户的曝光与覆盖，而非详细深度的信息沟通；内容型媒体平台和传播触点则能够承载更丰富细致的内容与形式，更适合品牌通过投放受众感兴趣、有价值的内容，与目标人群进行更深入的信息交流与沟通。

维度二：吸引关注型或说服转化型

在有些媒体平台和传播触点上，消费者更多是根据兴趣浏览各种信息（如影音、短视频、新闻等），并没有形成明确的消费需求和意向。这样的平台和触点，对广告主来说更多是形成受众注意力的转移，吸引用户对品牌/产品的关注和兴趣，激发潜在需求。而有些平台和触点上，消费者则已经有了相对明确的潜在需求和消费意向，正在搜索、研究问题的解决方案，甚至比较、验证自己的消费决策。对于这样的平台，广告主就可以通过深度内容、商业信息等试图说服用户做出进一步的行为转化。

通过这两个维度，我们就可以把不同媒体平台和传播触点分成4个类型（图7-3中的4个象限）。

比如，我们来看一些媒体平台：影视音频等平台的人群触达规模大、流量覆盖广，但其开屏/贴片等广告形式只适合快速曝光而非深度内容沟通，属于流量型媒体；同时，受众在这里既不会产生购买行为，也不关注与购买直接相关的信息，因此就属于吸引关注型的平台。短视频则不同，虽然同样属于吸引关注型媒体（当然，带货直播或针对决策周期较短的商品投放信息流就属于说服转化型了），但视频时长短，用户乐于刷到、看到各种有趣有用的品牌和产品信息，对品牌来说就完全可以作为内容型媒体来进行使用。再看小红书这样的种草平台，显然是内容型媒体和说服转化型媒体。而电商平台则属于流量型媒体和说服转化型媒体（直接引导并产生购买）。

这个矩阵，同样也可以用来分析媒体平台上的不同传播触点（包括不同广告/内容形式和各种类型达人）。比如：展示类广告（开屏/信息流）更多是流量覆盖和吸引关注；明星既可以吸引流量又是内容背书（同时具备流量型和内容型特征），但主要作用是吸引关注；在内容平台上，头部达人更多是吸引关注，而专家/专业达人则更多是说服转化（能带来深度兴趣、形成信任背书）；在电商站内的广告（如淘宝直通车）则针对目标人群达成说服转化的流量型传播触点。

而这4个象限，分别对应了用户行为链路的4个环节。品牌可以针对这4个环节，选择相应的媒体平台和传播触点进行广告和内容投放，以达成相应的传播目的。

- attention（注意）：通过偏重吸引关注的流量型媒体平台和传播触点投放广告，引起目标受众注意。
- interest（兴趣）：通过偏重吸引关注的内容型平台和触点发布内容，引起用户对品牌和产品的兴趣。

- desire（欲望）：通过偏重说服转化的内容型平台和触点，与用户进行深度沟通，进一步激发购买欲望。
- action（行动）：通过偏重说服转化的流量媒体平台和传播触点，对高潜力用户进行触达，达成最终购买转化行为。品牌对传播平台与触点的选择，应当从具体的营销传播目标出发。

品牌对传播平台与触点的选择，应当从具体的营销传播目标出发。

基于对这4个象限的分析，我们就可以根据每一次营销传播的具体目标，来选择相应的平台触点和传播形式。新品牌要引起更多目标受众关注、激发搜索兴趣，就采用吸引关注型媒体平台和传播触点，通过流量覆盖和内容铺设来完成；要把浅层兴趣更多转化为深层兴趣和购买欲望，则需要通过知识/信息/垂直类内容媒体平台或者搜索引擎优化来完成；而在大促期间，则需要通过电商平台（覆盖大流量的主流电商平台或针对精准人群的垂直电商平台）来转化。

我们可以根据每一个具体目标来选择媒体平台和触点，但品牌营销是一个影响用户链路不断加深的整体过程，从A、I、D、A到loyalty忠诚都是品牌需要达成的目标。那么，品牌整体的营销传播费用该如何分配呢？我们认为，首先应该通过洞察目标用户在相关品类的行为模式，来设计相应的营销模式。

（2）用户行为特征决定营销模式和资源分布

品牌应当根据目标用户在不同品类的行为模式，来进行全链路的营销模式设计和资源分配布局。

尽管前文提到的各种营销模型都有着"大同小异"的思维，消费者的购买行为也基本可以总结为 A、I、P、L 等几个阶段，但用户购买不同品类的产品时，其行为特征却大有不同。一方面，是用户在购买不同品类的产品时，在不同行为阶段的注意力分配天差地别。比如：消费者在购买保健品、汽车这样的高关心品类产品时，往往在购买之前投入大量时间精力，深入研究、打听口碑、货比三家；而购买休闲零食时则更多是快速决策。另一方面，用户在某个特定阶段的行为方式特征也大不相同。比如：在 I（interest 兴趣）这个阶段，很多购买美妆产品的用户都会研究小红书笔记，而购买油盐酱醋的消费者恐怕不会如此；而在 L（loyalty 忠诚）这个阶段，婴幼儿奶粉用户一般不会轻易转换品牌，更不会是因为促销而转换品牌，但对于牙膏洗发水这样的品类，消费者则会经常换着牌子用，促销活动对消费者的购买行为的影响较大。

我们可以针对 A、I、P、L 4 个行为阶段，分别以一个重要特性来分析用户在不同品类的购买行为模式与特征。

认知阶段分析关注度

在认知阶段，要重点分析用户对该品类的关注度。高关注度的品类（如时尚、奢侈品），更容易引起受众（包括非目标用户）

的兴趣。而低关注度品类，即便是经常购买的用户，也很少会去关心品牌的相关信息。

兴趣阶段分析关心度

在兴趣阶段，要重点分析用户对该品类的关心度。高关心度品类，是那些用户会投入更多时间精力进行了解、比较，购买决策更为谨慎的品类，比如婴幼儿奶粉、汽车等。通常来说，用户的购买行为之所以会具有高关心度特征，和品类的决策成本有关。这里的决策成本，包括了直接成本和风险成本。直接成本是指价格贵、花钱多，比如购买汽车、房产等产品。而风险成本，是指一旦选择错误，用户会承担的损失风险，比如汽车的安全风险、婴幼儿奶粉对孩子健康的风险。

购买阶段分析即时性

在购买阶段，品类的消费即时性是一个非常重要的用户行为特征。有些品类具有特定时空的场景即时性，用户必须在特定场合、特定时间进行消费购买，比如酒类产品的各种现饮场所、餐饮外卖的地理位置和用餐时点等。还有些品类虽然没有特定时空的消费要求，但却具有按照用户消费需求而产生的即时性，比如饮料，很多人在很多情况下是——想喝的时候才会买，想喝的时候就要买。

忠诚阶段分析重复性

在忠诚阶段，我们主要应当分析用户在品类复购的重复性。一方面看消费周期的重复性，也就是复购周期的长短和固定程度。

比如食品饮料等快消品的消费周期短而高频，而汽车、家电等耐用消费品的消费周期则很长。有些品类的消费周期比较固定，或者说一定时间周期内的消费量相对固定（比如粮油产品、日化用品），而有些品类的消费周期则非常随机（如零食），还有些品类的消费周期具有季节性特征（比如啤酒、冰激凌等）。另一方面，我们也要看品牌/产品的重复性，也就是消费者在该品类是否倾向于重复购买同样的品牌和产品。有些品类，消费者一旦选择某个品牌就不太会轻易更换（比如婴幼儿奶粉等高关心度品类）；有些品类，消费者则不介意经常更换品牌（比如快消品等低关心度品类）。在产品方面，消费者在某些品类的产品复购非常单一（比如很多消费者总是固定购买某一种或某几种调味品、食用油），在某些品类即便有经常消费的产品也总喜欢尝新（比如零食品类）。有些品类内部还会有明显的产品间连带销售关系（比如美妆产品），消费者购买某些产品之后会进而产生其他产品的连带消费。

用户行为模式的不同，决定了品牌全链路的营销模式设计和资源分配布局也大有不同。品牌应当根据消费者在品类购买行为4个环节的特征，来分布营销资源及设计营销手段。

在认知阶段，用户的关注度越高，则品牌应当投入越多的资源来吸引用户注意力。甚至针对非目标用户人群，有时也需要将其作为未来潜在用户和影响人群来建立一定的品牌认知，比如奢侈品牌，即便是少数人购买，也需要更多人知道。

在兴趣阶段，用户的关心度越高，品牌就越需要投入资源来影响用户分析决策过程。如建立更强的信任背书、给用户提供更多的信息、解答用户的各种疑问，品牌才能最终在用户漫长而谨慎的决策过程中胜出。

在购买阶段，用户的消费即时性越强，就越需要品牌在渠道终端布局上满足用户的这种需求。具有场景即时性的品类，品牌需要将产品铺货到用户的即时消费场景中（比如餐馆、酒吧等酒水饮料的即饮终端）。而对于具有需求即时性的品类，则需要品牌进行更广泛的零售终端铺货，以满足消费者随时随地随手购买的需要。

在忠诚阶段，品牌也需要根据用户复购的重复性做出相应的营销资源布局。消费周期的重复性越高，消费者越喜欢尝新，连带消费越多，说明老客的产出贡献越高，就越值得品牌在私域运营上投入资源。此外，具有季节性消费特征的品类需要阶段性聚焦投入，也需要设法摊薄淡季的营销费用。

用户对于不同品类的购买行为模式和特征，决定了我们在整个营销链路的资源布局上应当有不同的重点环节。而针对这些重点环节和关键瓶颈，品牌又应当设计相应的重点营销手段。

用户购买休闲零食的特征是冲动购买、高频复购和连带尝新，因此必须快速获客，并且可以通过私域运营、产品推新和节点营销不断提升复购和连带产出。即饮饮料有着现购现饮、随机决策的特征，因此产品必须提升品牌知名度和渠道渗透率。汽车品类高关注度和高关心度的双高特征,使得品牌必须通过心智预售[①]彰显价值,并且同时维护好网络口碑和老客口碑。

我们以餐饮外卖行业为例,来说明如何基于用户行为特征进行营销资源布局规划。

如今,很多餐饮外卖商家,在某种程度上来说都被外卖平台的流量"鸦片"绑架了。一方面,外卖生意的来源主要靠在饿了么、美团等平台上投放广告,但另一方面流量内卷日益严重,投放成本越来越高。不投广告就没生意,投了广告却没钱赚——这是很多餐饮外卖商家碰到的困境。那么,餐饮外卖用户的行为路径和特征是怎样的呢?针对这种行为模式,我们应该如何设计全链路的营销传播模式,如何分配布局费用资源呢?

在分析行为模式之前,我们先确定一下餐饮外卖的目标用户是谁。配送时间和费用的因素,决定了餐饮外卖生意有着典型的"周边区域"特征,也就是目标人群一定是在商家店铺周边一定距离范围内的用户。那么,整个商圈的特征就决定了你的目标用户是以白领为主还是以居民为主。

假设我们是以办公室商圈为主的店铺,那么就需要考察店铺周围办公室商圈中的白领,他们都有哪些点外卖的行为特征。我们从A、I、P、L 4个行为阶段的特性来进行分析。

首先是认知阶段的关注度。餐饮外卖品类虽然不像奢侈品、

---

① 心智预售指的是消费者在去往终端货架之前,就已经在心目中选择好了品牌。

时尚品类具备那么高的关注热度，但在办公室和互联网上，"美食"也总是一个大家乐于讨论的话题，尤其是那些"网红"餐厅和产品。

其次是兴趣阶段的关心度。显然，餐饮外卖不是一个高关心度品类。用户点外卖很少会提前做信息的分析研究，更多都是临时决策，在外卖 App 上看到了就下单。

再者是购买阶段的即时性。餐饮外卖具有高度的时空即时性特征。由于上班地点不变，白领点的外卖所在的商圈是相对固定的，因此该商圈内的餐饮店铺范围基本也是固定的，点餐时间也基本是午餐、晚餐两餐为主（晚餐视商圈加班程度）。点餐行为发生在用餐前的一段时间内，不存在其他品类的"囤货"行为。

最后是忠诚阶段的重复性。餐饮外卖的周期重复性很高，而且相对固定。大多数白领用户的外卖消费属于高频重复，很多都是工作日天天吃。而在产品/品牌重复性上，则是"乐于尝试、喜新爱旧"。很多用户有自己喜欢的"那一口"，但再好吃也会吃腻，大多数用户依然喜欢尝新、爱换口味。一方面尝试新店家、新菜品、新口味，另一方面自己的最爱还是一定会经常吃。总结起来就是既喜新又爱旧。

那么，基于这样的用户行为模式，我们应该怎样来设计营销模式呢？我们也针对 A、I、P、L 4 个行为环节来进行资源布局和营销设计。

我们先来看看在用户整个行为链路上的营销资源分配，确定需要进行重点投入的环节。在兴趣阶段，用户在餐饮外卖消费上的关心度极低,因此除了在外卖 App 上维护正常的用户评价之外,几乎不需要其他营销投入。在购买环节,时空的即时性特征使得店铺位置决定了目标客群,如果不考虑扩张店铺数量来扩大人群规模的话,也不需要额外的投入,只需要在外卖 App 上进行周边人群触达即可。而认知和忠诚两个阶段,才应当是餐饮外卖重点投入营销资源的环节。在认知阶段,需要为店铺和产品创造更高的"网红效应",才有机会吸引更多新客的尝试转化。而在忠诚阶段,用户高频而固定的消费复购、"喜新爱旧"的消费特征,能给店铺带来持久而巨大的产出贡献,需要品牌重点投入营销资源、精心设计营销手段去进行连接、维护并不断满足和激活用户。

接着,我们来分析在这两个需要重点投入营销资源的行为阶段,餐饮外卖品类应该怎样设计具体的营销手段。

首先,认知阶段直接决定转化购买。要获取新客,靠"引流产品、公域投放"。我们的外卖生意要获取新客,自然也需要投放广告。由于潜在顾客都是固定商圈内的白领,因此通过饿了么、美团等基于位置服务(LBS,location based services)的外卖平台进行公域广告投放,确实是较为有效的手段。而在投放内容上,我们就要抓住目标顾客乐于尝新的特性,来设计"引流产品"。引流产品必须符合顾客的尝新心理、刺激购买冲动,比如网红爆款、季节限定、限时抢购等等。相比之下的拉新效果,"网红鲍鱼饭"估计要比"招牌牛肉饭"强,季节限定的"小龙虾拌面"估计会比天天热卖的"葱油大排面"强。当然,除非你的店铺和招牌菜看已经有足够强大的知名度。

其次,在忠诚阶段,先要留存用户,必须进行"用户连接、私域留存"。既然点外卖是个高频行为,那么是不是顾客的每一顿饭我们都需要去外卖平台上投广告?当然不是!餐饮外卖是一个高频复购的生意,如果我们能够直连顾客,进行后续的复购转化,那就可以省下大量的公域广告投放费用。于是,很多店铺都会在外卖包装里放入带有二维码的卡片,然后"扫码好评领红包",但这样的转化率通常都很低。究其原因,还是没有从用户角度出发进行认真思考。扫码领个三五块钱的红包,对商家来说成本不低,但对用户来说,就算贪图小利领了,估计也会屏蔽朋友圈甚至后续删除评论。那么,如果是把二维码换成餐厅老板的微信呢,是不是转化率会高一些?如果把 5 元红包变成价值 200 元的券包呢(当然是分成多张可以满减使用的)?如果把领红包变成领一杯隐藏款网红饮料新品呢(当然是下次点餐时一起配送)?总之,商家可以从用户的心理洞察出发,设计各种手段并进行尝试、分析数据、不断优化,来提升私域留存的转化率。

最后,是在忠诚阶段不断提升产出,要"产品推新、活动刺激"。我们可以针对已经连接的私域用户,进行反复触达,提升运营产出。这时也要抓住客户"喜新爱旧"的行为特征。一方面,店铺一定要不断进行产品推新,利用顾客的"喜新"来刺激消费,利用朋友圈等不主动打扰的信息平台进行新品推广。另一方面,也可以通过各种针对性的优惠刺激来扩大用户的产出,提升消费频次和消费金额。商家可以针对用户的行为特征，不断进行尝试、复盘和优化，找到更有效的推广手段，掌握更有效的推广规律。

（3）品类营销模式设计与资源布局规划的方法

我们可以用 3 个步骤来进行不同品类的营销资源布局规划：品类用户行为路径与特征洞察、全链路营销传播模式设计、关键环节确定和关键抓手设计。通过品类用户行为路径与特征洞察，我们要摸清各个行为阶段的关键属性（关注度、关心度、即时性、重复性），找到整体链路上的关键节点和瓶颈。然后据此来进行全链路营销传播模式设计，围绕关键节点和瓶颈来进行资源配置。最后通过关键环节确定和关键抓手设计，针对性地打破核心瓶颈、提升关键环节的转化和产出，并为品牌持续积累优势。接下来，我们来解析如何通过这 3 个步骤进行营销资源布局规划。

品类用户行为路径与特征洞察

营销传播的最终目的就是在全链路决策过程中影响用户心智、改变用户行为，因此品牌需要对品类用户行为的路径与特征进行深入的洞察。用户在不同品类产品的购买行为路径上存在差异，每个具体阶段的行为特征更是大不相同。当我们针对某一类特定目标用户时，我们还需要对特定目标人群的品类购买行为进行洞察。

如图 7-4 所示，我们可以先列出品牌 / 品类的目标人群基本特点，然后对认知、兴趣、购买和忠诚 4 个环节的重要特性（关注度、关心度、即时性、重复性）分别做出评估和洞察，列出其具体的行为特征，再绘制出品类/品牌的典型用户旅程（A、I、P、L 4个阶段更详细的行为路径）。我们以焦虑型父母的净水器购买行为为例。品牌的核心目标人群是一、二线城市的新生儿父母，这群用户在购买净水器产品时的行为路径和特征是怎样的呢？

首先在认知阶段，净水器是一个低关注度品类，因此品牌并不需要投入大量资源吸引大众注意力。但针对潜在目标用户，需要进行品类需求的激发。净水器既非高关注品类，也非生活必需品，因此用户需要被一些特定信息触动，从而激发购买净水器的需求。而同时，相比那些产品线丰富的跨品类3C知名大牌（如美的、小米），专业净水器品牌的大众知名度要低得多，就更需要精准触达用户、激发需求并传达其专业优势。

在用户需求被激发之后，就会进入兴趣阶段（评估环节）。净水器是一个高关心度品类，因此该环节可以说是净水器品类购买中最重要也是最漫长的环节。用户在这个阶段会花费大量时间和精力进行评估，包括品类评估（净水器真的有用吗？要不要买？）、细分品类和产品评估（买哪个类型产品？选哪种过滤技术？产品如何组合？）以及品牌评估（买知名大牌还是专业品牌？具体买哪个牌子？）。其中，品类评估至关重要。"净水器到底有没有用？"——很多用户对净水器的效果将信将疑，担心自己缴了智商税。如果哪个品牌能真正解决这个疑问，通常就会赢得用户最终的选择，在采购时，用户也很有可能听从品牌人员的建议，选择细分的净水器品类和产品组合。但是如果用户的这个疑问解决不了，对净水器的效果不确定，就会放弃购买。

再接下来就到了购买阶段。净水器的购买行为并不具备很高的即时性特征。虽然存在家庭装修、宝宝出生这样的消费窗口期，但通常都是较长的一个时间段，并没有很高的消费场所和时间节点要求。因此，这个环节与很多品类一样，用户也会受到各种促销推广的影响，比如提前了解、大促下单。但净水器品类的购买阶段有一个特殊之处，那就是它的安装问题。在选购之前必须进行安装空间的确认，包括安装位置、管路改造和尺寸测量。很多用户都会对安装问题产生担心，怕安装麻烦，更怕买了之后不能装。而在购买之后，用户需要在收到产品后再和厂家预约上门安装。

最后是购买之后的滤芯更换。由于净水器的复购周期比较长，老客贡献主要来自滤芯更换和口碑推荐。滤芯更换具有高重复性特征，更换周期比较固定，机器型号也决定了所要更换的滤芯型号。但是滤芯的更换时间间隔不短，而且很多时候用户资料又掌握在经销商和服务商手中，所以用户经常会出现忘记更换滤芯或通过非正规渠道购买滤芯的情况。这不仅带来了滤芯销售收入的损失，还会造成净化效果不佳的问题，用户会把问题归因给厂家，由此给品牌带来负面口碑。

以上就是我们对焦虑型父母购买净水器品类的用户行为路径与特征洞察。我们将用户行为 4 个阶段的重要属性及关键细节的相关要点填入图 7-4 中。然后再根据这些特征，绘制出图中更为详细的典型用户旅程。

特征	目标人群	认知阶段（关注度）	兴趣阶段（关心度）	购买阶段（即时性）	忠诚阶段（重复性）
	一、二线城市新生儿父母	低关注度 需要激发品类需求 专业品牌知名度低	高关心度 需品类认知教育 对效果将信将疑	低即时性 电商大促/线下渠道 安装—看空间/怕麻烦	高重复性 周期和产品重复固定 滤芯购买/容易忽视

品类/品牌典型用户旅程绘制

需求激发 → 评估—品类认知教育（需要对净水器作用的认可） → 测量/购买 → 预约安装 → 滤芯更换

不可感、就放弃
忽视滤芯 → 负面口碑

需要触点
目标人群

需要价值可感

需要确认安装空间
需要预约上门安装

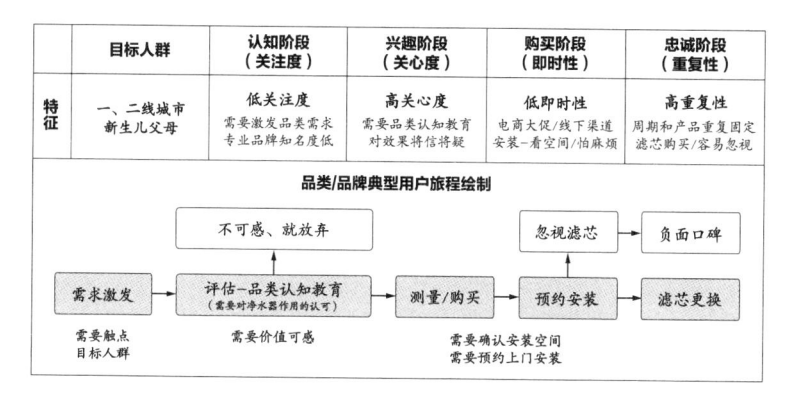

图7-4 焦虑型父母购买净水器品类的用户行为路径与特征洞察

全链路营销传播模式设计

在梳理了用户购买行为路径和特征，绘制出典型用户旅程之后，我们就可以进行全链路营销传播模式的设计。针对这样一个用户行为旅程，我们如何围绕关键环节和瓶颈来进行资源配置和模式设计，以更好地达成用户心智影响和行为改变的目标呢？

具体的方法是，品牌需要回顾上一个步骤对品类用户行为路径与特征的洞察，将营销资源重点放到整个链路的关键环节上，并围绕重点环节来重新设计全链路的营销模式。整个营销模式及营销手段设计，一定要以打破关键环节的转化瓶颈为核心目标。

我们回顾上一个步骤对焦虑型父母购买净水器品类的行为特征分析。整个用户旅程中最关键、最漫长的就是兴趣阶段（评估环节)。而安装问题,虽然发生在购买决策环节,但其实也可以被归纳为购买前的评估行为。因此,评估环节中主要需要解决两个问题:第一是"有没有用",第二是"好不好装"。品牌如何顺利帮助用户解决这两个疑问、成功通过用户评估环节,成为整个营销传播模式的关键所在。因此,我们需要在兴趣阶段(评估环节)重点投入营销资源,甚至通过新的营销链路设计来打破用户的决策瓶颈。当然,全链路营销传播模式设计没有唯一的标准答案,品牌需要根据自己的资源、能力和竞争环境来规划。下面的案例展示了我们为某品牌设计的营销传播模式。

净水器品类营销模式设计的重点,就是要围绕用户最漫长又最重要的评估环节来展开。针对这一环节影响用户转化的关键瓶颈,我们通过"免费安装试用"的营销模式设计,直接跳过了困扰用户的两大问题——"能不能装"与"有没有用"。针对"能不能装",既然已经是免费试用,用户自然也就无需担心。而"有没有用",就让用户亲自试用了之后再来评判。品牌会在安装后6个月(产品需要第一次换滤芯时)上门回访,如果用户不满意可以免费退还产品,如果用户满意才付款。除此之外,整个营销链路上,我们还需要有品类需求激发和用户滤芯复购环节。品类需求激发,需要我们精准触达目标用户人群,并传递有效信息。而针对滤芯更换问题,我们则通过绑定用户和产品信息,定制消息提醒的方式,让用户可以线上购买滤芯自己更换或购买"滤芯+更换服务"的套餐。

关键环节确定和关键抓手设计

最后，我们还需要针对我们设计的全链路营销传播模式，确定关键环节、设计关键抓手。这个步骤在全链路营销传播模式设计的基础上，对资源进一步聚焦、手段进一步落地。在围绕关键环节进行了全链路的营销传播模式设计之后，我们要进一步设计和落实关键抓手，实现在关键环节上的瓶颈突破和优势建立。

首先是关键环节的进一步明确。如图 7-5 所示，我们针对净水器品类设计的这个营销传播模式，关键环节是什么呢？当然是安装后 6 个月后的回访环节（虚线圈出的环节）。"不满意拆除"或者"满意付款"，对品牌来说是截然不同的营销结果。如何让更多用户达成"满意"，就成了关键环节。而用户满意的关键，就是真切感受到产品的净化效果，觉得这台净水器"真的有用"。

基于用户旅程规划，进行全链路营销传播模式设计

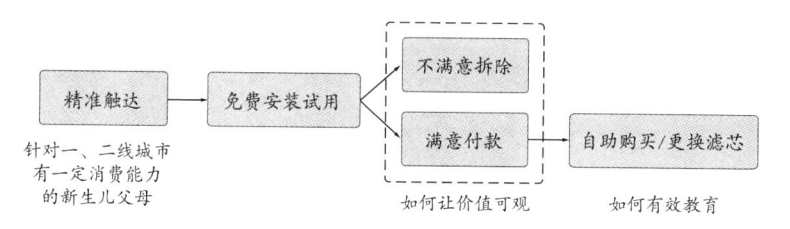

图7-5　针对焦虑型父母的净水器品类全链路营销传播模式设计

针对这个关键环节，我们需要设计真正有力的营销抓手。如图 7-6 所示，针对安装 6 个月后的回访环节，我们设计了一个关

键抓手——现场拆除并展示滤芯。我们的服务人员会为用户检查净水器的状况，拆下已经试用 6 个月的滤芯并当面向用户展示。在这个场景中，净水器更明显、更可感的效果，不是净化之后纯净的水，而是使用之后肮脏的滤芯。当服务人员从净水器里拆下已经工作了 6 个月之久的滤芯并展示在用户面前时，通常都能看到用户惊讶的表情。此时，再配合上服务人员的相关专业话术，用户就会更加确信使用净水器的必要性——如果不用净水器，这些滤芯上的污垢可就被全家人包括宝宝喝到肚子里了。当然，这个时候如果再配合赠送一次免费滤芯更换服务，就更容易达成用户"满意付款"的结果，同时也可以进一步教育用户绑定产品信息，今后定期更换滤芯。

图7-6 针对焦虑型父母的净水器全链路营销关键环节及抓手设计

除此之外，针对目标用户人群的精准触达，我们和一、二线城市的高端母婴月子会所及垂直类母婴论坛进行合作，使用户可以登记试用并获得免费上门测量的安装服务。同时，将产品直接植入母婴月子会所带来的深度体验和垂直论坛的专业内容为我们进行品牌背书，激发了用户的需求。而针对滤芯更换，我们则通过微信注册绑定信息，进行即时的换芯提醒。

上述这几个关键环节和关键抓手，才是品牌真正需要聚焦进行重点资源布局的地方。

通过以上3个步骤，品牌就能够基于用户行为路径与行为特征，设计自己的营销链路和传播模式，并针对链路上的关键环节布局营销资源、设计有效抓手。这样，我们才能真正把营销资源和力量投入重要的环节和触点，更有效地去影响用户在购买决策过程中的心智和行为，最终达成有效的增长结果。

对内看——不同品类和产品如何投放

对内来看，很多品牌都不只有一个大单品，因此还需要考虑如何将营销传播费用分配到不同的品类和产品上。很多品牌在进行营销投入的时候，会统一制定一个营销费比，根据每个产品销量来分配预算，而不同品类和产品的投放没有针对性的重点，并且各自为战。其实这种模式既忽视了用户的购买心智和行为，也忽略了产品的营销角色和协同效应。因为用户对于某个品牌旗下的不同产品的认知心智和购买行为，是会有相互之间的影响作用的。比如，因为对品牌代表性产品的偏爱而产生对其他产品的爱屋及乌，在购买了入门级产品之后再尝试更贵的产品，或者产生连带购买和配套消费。有效认识并利用这种相互影响，能让产品在品牌整体营销中承担起不同的角色，形成更好的协同效应。

不同产品在品牌营销中担当了不同的角色，而用户在不同品类产品上也有着不同的购买决策过程，因此决定了品牌需要针对不同品类和产品采用不同的资源布局和投入策略。

(1) 不同产品角色的营销投入策略

在本书第三章中，我们提到了产品的 3 种角色和分工：用来获取客户的流量产品、提升运营产出的销量产品和帮助打造品牌的价值产品。这 3 类产品承担着不同的营销角色和任务分工，因此在营销投入上也应当采用不同的策略。

流量产品应当聚焦内容营销和效果投放，实现目标用户的高效触达和获客转化

流量产品的任务是获取更多客户，因此在营销投入上应当注重目标用户触达和转化的效率。一方面要以更低成本覆盖更多目标受众，另一方面要提升目标人群的行为转化（可以是直接购买，也可以是进店、收藏、注册等其他行为）。如第三章中所说，流量产品通常有高关注产品和入门款产品两种（也可能某种产品同时具备这两种特性）。高关注产品能够更好地吸引受众注意力，可以通过制作以产品为核心的社交内容来获取流量、扩大传播，同时通过内容吸引促进用户的互动、点击等转化行为。而入门款产品因为有着较低的购买门槛，则可以通过效果投放、达人带货、平台试用等触达形式，实现目标用户的大量覆盖及转化。

销量产品应当注重客户关系管理和顾客生命周期管理，提升用户整体产出

销量产品的任务就是提升用户贡献、赢得品牌销量，因此在营销投入上应当注重顾客的复购和连带销售。一方面，让初次购买的客户持续购买。另一方面，也要尽量扩大每个客户的客单价、购买频次、购买种类和生命周期。针对这一目标，品牌需要进行客户关系管理和顾客生命周期管理。针对老客，品牌可以通过销量产品来进行私域运营和人群复投，提升客单价、维护忠诚度。而同时，品牌需要花费精力去研究顾客人群的消费生命周期，包括购买的频次、金额、品类/产品之间的连带购买关系，在此基础上进行产品开发布局。为合适的客户在合适的时机推荐合适的产品，最终实现延长顾客的消费生命周期（买更久）和提升消费生命周期价值（花更多）的目的。

价值产品应当持续运用于品牌投放，建立品牌资产价值、提升整体投放回报

价值产品是品牌的代表品项，承担着彰显品牌价值、体现品牌主张、树立品牌形象的任务。如果从单独一个产品来看，价值产品在营销投入上投资回报率未必很高，但对于整个品牌来说，价值产品不可或缺。因此，在价值产品的营销投入上，我们不能只是把它当成一个独立的产品,用效果投放的投资回报率或销售额占比来衡量,而需要看到其对整个品牌所有产品营销回报的提升价值。因此,对于有品牌愿景的企业来说,需要拿出一部分费用,对价值产品进行品牌广告的投放,通过价值产品来提升品牌资产,进而带来所有产品投放 ROI 和营销效率的提升。

(2) 不同产品的行为链路特征及投放策略差异

不同产品不仅在品牌营销中担任了各自的角色,在用户链路的各个环节中也存在着差异化的行为特征。品牌必须针对不同产品的行为链路特征,来制定差异化的投放策略,包括不同产品的全链路资源分布及各个环节上具体的投放手段。

针对每一款产品的用户购买行为链路,品牌必须对其重点环节进行深入具体的行为追踪和数据分析,了解每个环节的相互关系和行为特征,以此来规划全链路的投放资源分布,并制定各个环节的投放策略及手段。在当前各种数据工具的赋能下,我们可以对这些重点环节的相关用户行为进行更精确的数据追踪,从而对每一种手段的投资回报做出更精准的分析测算,对每一款产品的投放手段做出更有效的决策判断。

我们可以通过以下 4 个步骤来进行重点环节的投资回报测算和投放手段决策。

- 首先,确定品牌旗下各产品在用户行为链路上的重点环节。

- 其次，对重点环节的不同用户行为进行数据追踪，分析行为占比、触达成本和转化率。
- 再次，测算不同产品不同用户行为的触达成本和转化收益，进行评估选择。
- 最后，品牌可以针对更高投资回报的用户行为和投放手段，分析其行为链路的上一个环节，找到提升该行为占比的营销手段，并测算或预估成本，做出进一步的营销决策。

接下来，我们以某美护科技品牌的两个不同产品为例，来说明如何通过上述步骤来分析不同产品的行为链路特征及制定关键环节的相应投放策略。

该品牌以美妆工具产品 A 成功切入市场，通过小红书等社交平台的种草和电商站内搜索营销，细分品类的市场占有率已接近 50%，属于绝对的细分品类领导者。之后，品牌又进入了美容仪器品类，推出了产品 B，但并未取得同样的快速增长。即通过产品 A 建立的品牌知名度，并没能轻松推动另一款产品的销售。而品牌向已经购买过产品 A 的老客户推荐这款新产品，转化率也非常低。

第一步，我们对两款产品的品类用户购买行为做了分析，发现行为链路的核心环节都是从"社交种草"到"电商搜索"。两个品类的消费者都是在小红书等社交平台上被各种内容种草，产生对品类和产品的兴趣，进而转向电商平台进行搜索，再通过商品详情页和客服互动进行比较，最终做出购买决策。

第二步，当我们针对"电商搜索"这个重点环节的不同用户行为进一步拆解数据、深入洞察，就会发现用户在不同产品购买行为上的巨大差异。两款产品的用户电商搜索都可以分为"品类词搜索"和"品牌词搜索"，但行为占比、触达成本和转化率却大不相同。

如表7-1所示，该表格展示了两款产品在天猫平台的用户搜索行为数据（为保护商业信息，数据已做修改处理）。我们可以看到，尽管产品A已经是细分品类的绝对领导者，几乎占据了天猫站内品牌搜索词的全部（其他品牌只有1%），但也仅仅只有9%，高达90%的搜索来自品类词。也就是说，在产品A的这个品类，用户对品牌搜索的指向性相对较弱。一方面是因为产品单价相对较低，另一方面也是因为美妆工具的用户心智和美容仪器相比属于弱势品类，用户通常认为购买接触面部肌肤的仪器更需要谨慎地选择品牌，而工具相对就没那么重要了。因此，尽管在社交媒体上被品牌进行了产品种草，但到了电商平台，用户还是会搜索品类，再货比三家。占比仅9%的品牌词搜索，转化率达到50%。而由于其品牌的细分品类领导者地位，最终品类词的搜索转化率也达到了30%，遥遥领先于其他竞争对手。

表7-1 某美护科技品牌电商站内用户搜索行为数据分析

产品类型	产品单价	所属品类	站内品类词搜索			站内品牌词（本品牌）搜索		
			搜索占比	平均出价	转化率	搜索占比	平均出价	转化率
产品A	200元	美妆工具	90%	8元	30%	9%	6元	50%
产品B	2000元	美容仪器	30%	10元	0.4%	1%	8元	4%

但产品B的情况就截然不同了。该产品单价更高，又是使用在面部肌肤的仪器，属于强势品类，因此电商站内的品类词搜索只占30%，剩下高达70%的都是各个品牌的品牌词搜索。也就是说，有70%的用户进入电商平台进行搜索时，已经有了非常明确的品牌指向性。但在这个品类中，我们的品牌显然还没能建立足够的用户心智。产品B的品牌词搜索只有1%，在所有品牌的品牌词搜索（70%）中占比极低。针对占比30%的品类词搜索，转化率只有0.4%。品牌词搜索的转化率虽然也只有4%，但却是品类词的10倍。作为产品单价更高的品类，4%的转化率已经比较高了。

我们总结了两个产品及所在品类的用户行为特征。产品A——美妆工具品类：用户在电商平台的品牌搜索指向性很弱，品类词搜索占比很高；品类词和品牌词搜索的转化率有一定差距，但差距不大。作为领导品牌，品类词和品牌词的转化率都较高。产品B——美容仪器品类：用户在电商平台的品牌搜索指向性较强，品牌词搜索占比较高；品类词和品牌词搜索的转化率差距巨大。本品牌的现状是，品类词转化率很低，品牌词转化率相对较高。

第三步，我们来测算 A、B 两个产品分别通过品类词搜索和品牌词搜索两种不同用户行为进行触达的成本和转化收益。

如表 7-2 的测算所示，针对不同的用户行为链路特征，品牌在两款产品上应当采取完全不同的投放策略。产品 A 的站内品类词及品牌词搜索，都能带来较高的 ROI，因此作为该品类的领导品牌应当全部进行投放收割。而结合品类词和品牌词的搜索占比计算，整体的综合 ROI 可以达到（7.5×90%+16.67×9%）÷99%=8.33。而对于产品 B，站内品牌词搜索的 ROI 也达到 10，但品类词搜索的 ROI 只有 0.8，因此在资源有限的情况下，品牌应当只针对品牌词搜索进行投放。

表7-2　某美护科技品牌电商站内用户搜索行为触达成本及转化收益测算

产品类型	所属品类	站内品类词搜索			站内品牌词（本品牌）搜索		
^	^	触达成本	预期收益	ROI测算	触达成本	预期收益	ROI测算
产品 A	美妆工具	8元	200×30%=60元	7.5	6元	200×50%=100元	16.67
产品 B	美容仪器	10元	2000×0.4%=8元	0.8	8元	2000×4%=80元	10

最后一步，我们还需要针对更高投资回报的用户行为和投放手段，分析其行为链路的上一个环节"社交种草"，做出进一步的营销决策。

通过测算，我们发现产品 A 只要保持现有的社交种草热度，就能够维持现有的站内搜索热度，而进一步加大投入也不能带来整体搜索量的明显提升和品牌词搜索占比的提高。因此，针对产品 A，品牌已无须进一步加强社交种草投入，只要维持热度即可。但在电商站内投放上，品牌反而需要聚焦资源进行收割，不仅要针对品类词搜索和品牌词搜索进行投放转化，还可以进行品类和品牌兴趣人群的多次复投，提升整体转化。而产品 B 则不同，尽管站内品牌词搜索的 ROI 也高达 10，但是占比仅有 1%，因此我们必须思考如何通过上一个环节"社交种草"来提升站内品牌词的搜索量占比。经过模拟测算我们发现，产品 B 在社交平台每增加 20 元社交种草费用，就可以带来电商站内 1 次品牌词搜索行为。针对这 1 次品牌词搜索行为进行投放（成本 8 元）可以获得 80 元的预期收益。综合"社交种草+站内品牌词搜索"的投放 ROI 依然可以达到 80÷（8+20）=2.86。因此，品牌目前首先需要针对产品 B 加大社交平台的种草投入，提升品牌的社交声量和互动占比，进而提升电商平台的品牌词搜索占比。而在电商站内，产品 B 应当首先收割已经建立品牌心智的人群，只针对品牌词搜索进行投放转化。

通过上述案例我们看到，不同品类/产品有着不同的用户行为链路特征，这决定了品牌应当采取不同的投放策略和手段。品牌在制定不同品类/产品的投放策略时，首先应当梳理用户整体购买决策旅程的关键环节和每个环节之间的流转关系，其次需要更具体地针对关键环节拆解行为数据、洞察行为特征,在考量行为占比的基础上选择更高投资回报的投放手段,最终,还要进一步分析能够提升高投资回报行为占比的上一环节和相应营销手段,在测算成本的基础上做出进一步营销决策。这样,品牌才能针对不同产品的行为特征,把资源投到那些对全链路整体产出影响更大的环节和手段上去,提升整体链路的营销投资回报。

(3)如何理解和投放"品牌广告"

品牌在起步阶段通常都会聚焦在"产品广告"的投放上,以快速达成直接的产品销量,完成从0到1的启动。但当成长到一定阶段的时候,不少品牌都会考虑进行所谓"品牌广告"的投放,以进一步扩大人群触达、提升品牌价值。诚然,消费者购买的不仅仅是产品,还包括品牌价值。因此,除了针对不同产品进行营销投放之外,我们还需要思考如何通过营销投放来建立和提升品牌价值。"品牌广告"可以说是一种特殊的"产品广告",有些品牌把它做成了没有任何具体产品、纯粹描述品牌精神价值的"无产品广告",有些则试图把旗下各种产品都融入品牌诉求,做成了"全产品广告"。那么,究竟应当如何理解品牌广告以及品牌广告的投放呢?关键要搞懂品牌广告投放和产品营销投放之间的关系。

首先,品牌广告,既是品牌的"专用配称",也必须成为所有核心产品的"通用配称"。驱动品牌在顾客心智中占据某个定位的全部运营活动，在定位理论中都叫作配称。而依据某个运营活动是竞争品牌的通用做法还是某个品牌独特的做法，又可分为"通用配称"和"专用配称"。品牌广告，应当体现品牌独特的价值定位，当然是属于"专用配称"。但同时，品牌无法脱离产品而存在。品牌的价值定位，主要通过其核心产品的体验传达给顾客。因此，品牌广告也应当成为所有核心产品的"通用配称"。也就是说，品牌广告既要体现品牌独特的诉求，也要成为所有核心产品的共同价值。

如何判断这一点？那就看品牌广告能不能帮助产品更好地获客卖货。我们认为，品牌广告的核心诉求，应该被应用于所有的产品广告，并帮助其拉新获客和转化卖货。简单来说，就是将一个品牌广告里的核心诉求提炼出来，加到所有产品的各种形式的广告里去（包括信息流、图文帖、短视频、商详页、直播间甚至客服话术等等），看是否有助于提升转化效率。比如，佳通集团曾经有一句品牌广告语——"能造飞机轮胎的佳通集团"，当时这句话经常被很多一线销售挂在嘴边，终端门店也非常乐意悬挂相关的广告海报。原因很简单，这个所谓的"品牌广告"能够帮助佳通集团旗下的每一款产品更好地进行销售。

那么，如何进行品牌广告的投放呢？"无产品广告"和"全产品广告"未必一定是最适合的"品牌广告"形式。我们认为，结合品牌核心价值，针对价值产品/代表品项做广告，就是很好的品牌广告。也就是说，可以把价值产品/代表品项的"产品广告"

和品牌核心价值诉求结合起来,直接就做成"品牌广告"。尤其是对尚处在成长期的品牌来说,营销资源和力量更加需要聚焦。与其将品牌和产品广告分开制作投放,甚至去投放一些虚无缥缈的纯品牌广告,不如合二为一。把品牌的核心价值梳理清楚,用品牌的代表性产品来体现这个核心价值,这样的广告才是真正有效的品牌广告。

我们以戴森的品牌广告投放策略为例。这个成立于1993年的英国品牌,2012年下半年才正式进入中国市场,毫无疑问已经成为近10年中国市场上最为成功的新锐品牌之一。但我们似乎并没有看到戴森投放过什么纯粹的品牌广告,而是一款极具代表性的创新产品的广告。从吸尘器、电吹风到卷发棒,每一款产品上市所打出的广告都是围绕产品各自的功能利益和用户场景展开,但都无不体现了戴森独特的气流技术和工业设计,更一次次强化了其完美主义和发明家精神的品牌价值观。

国风满满的雕花口红和浮雕彩妆盘广告,其实就是花西子的品牌广告;舒敏系列产品的广告,也是薇诺娜很好的品牌广告;每一代911跑车的产品广告,都是保时捷很好的品牌广告。你独特的品牌核心价值到底是什么?品牌的代表品项/价值产品又是哪个?将品牌核心价值融入代表品项的产品广告中,用产品给用户提供的独特利益来体现品牌核心价值,其实就是很好的品牌广告。

全链路投放的竞争博弈

品牌在全链路投放的资源布局，其实也是一场从流量资源到用户心智与行为的争夺战。投放策略，不仅要从以人群和货品为核心的增长策略出发，充分考虑目标用户在不同品类的购买决策行为特征，还需要考虑整个行业、品类的竞争格局和竞争关系。在品牌成长的过程中，需要对发展阶段、资源能力和竞争格局做出分析，制定适合自己的投放竞争策略，并随着品牌成长进行调整。

（1）全链路投放的3种竞争策略

一谈到企业竞争，大家一定会想到"竞争战略之父"迈克尔·波特。20世纪90年代，波特提出了企业的3种基本竞争战略：专一化战略、差异化战略和总成本领先战略。专一化战略也被称为聚焦战略，指瞄准主攻某个特定用户群体、产品线的某个细分区段或某一特定细分市场。差异化战略，指使企业产品和服务与竞争对手形成明显区别，核心是取得某种对顾客有价值的独特性。而总成本领先战略，指企业通过有效途径降低成本，使企业整体的全部成本低于竞争对手，从而获取竞争优势的一种战略。企业采用的竞争战略，可以从这3种基本战略出发，进行竞争手段的细化落地和组合设计。

借鉴波特的3种竞争战略，我们把品牌全链路投放的竞争策略也总结成3种思维：平台专一化策略、营销差异化策略和全链路总 ROI 领先策略。

平台专一化策略

平台专一化策略，是指品牌将营销资源集中起来，聚焦于一个平台进行投放。这种策略是很多消费品牌起步阶段会采取的策略，当核心平台处在流量快速上升的红利期时，这种策略的效果会更明显。若干年前我们经常听到的"淘品牌"以及近几年出现的"抖品牌"，其实就是采取这种策略，聚焦淘宝或抖音平台进行资源集中投入，在一个平台内进行用户触达并形成营销闭环，最终实现成功起步的品牌。比如，国内吸尘器新锐品牌"添可 TINECO"就是通过聚焦抖音平台，通过达人短视频种草、达人直播、信息流、搜索竞价、蓝 V 企业号、店铺直播等各种营销手段的全方位布局，进行全链路闭环营销，实现品牌的成功启动。

平台专一化策略的两个关键点在于：把平台流量红利吃透、把人群行为链路打透。一方面，该策略更适合在某个社交或电商平台的流量上升期、红利期采用。品牌就是要通过快速学习、快速行动和快速调整，尽量多地吃到平台快速增长期的大量免费溢出流量，借助流量红利，实现快速增长。

另一方面，品牌需要在一个核心平台上实现目标用户从触达认知到兴趣、转化甚至复购的全过程。如图 7-7 所示，品牌需要在一个平台上运用各种营销触点和传播方法，打通 A、I、P、L 各个环节，实现用户行为的全链路闭环。

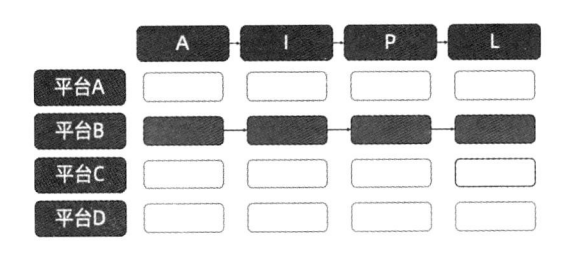

	A	I	P	L
平台A				
平台B	■	■	■	■
平台C				
平台D				

注：图中的黑色块表示品牌重点投入的环节，白色块表示品牌没有或很少投入的环节。

图7-7　平台专一化策略的资源布局与投放方式

营销差异化策略

营销差异化策略，是指将资源聚焦于营销链路某个环节的策略。通过集中资源进行投入，品牌可以在全链路的营销侧重上与对手形成明显差异，在重点环节上形成较大的局部优势。这种策略更适合处在行业挑战者地位的品牌使用，以实现在资源相对处于劣势的情况下形成和领导品牌的错位竞争。同时，在品类规模快速增长的红利期、发展期，该策略也更为合适，因为此时整个品类存在流量红利，挑战者可以在某个重要环节上实现对目标人群的截流。比如，近些年无绳吸尘器品类正在迅速普及、规模快速增长，一些新锐品牌（如"追觅dreame"）就是通过针对用户的兴趣、评估环节进行大量投入，实现人群拦截。快速增长的品类本身带来了大量的人群流量红利和兴趣搜索行为，这些品牌就在抖音、快手、B站、知乎、小红书等各个社交平台上进行了大量的内容营销，包括各种花式种草、情景植入、横向测评等等。

这种投放策略，其实就是在"I 兴趣"这个环节上，将大量品类和竞品的兴趣人群，拦截成为品牌的兴趣人群，进而实现人群的收割转化。

采用营销差异化策略的两个关键点在于：利用好品类增长红利、建立起重点环节势能。一方面，充分利用品类的增长红利，在产品定位和开发上首先与领导品牌形成错位，比如大牌平替、多重功能、更年轻、更时尚等差异化。另一方面，品牌选择聚焦的重点环节，要符合目标用户人群的品类购买行为特征。举例来说，高关心度品类可以聚焦评估环节，高频复购品类则可以聚焦私域运营。在重点环节上，品牌必须建立起足够的势能，形成压倒性优势，这需要品牌拥有与该环节营销能力相匹配的相关资源和团队能力。

如图 7-8 所示，采用营销差异化策略，是指在全链路的重点环节上进行多平台/全方位的集中投入，但同时在其他环节上也必须做好衔接，形成用户行为闭环。在重点环节的后链路，要做好用户行为承接；而在重点环节的前链路，可以进行精准的流量放大和导入。

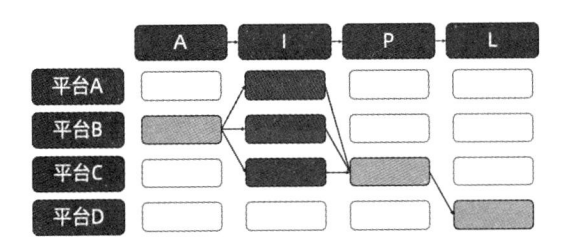

注：图中的黑色块表示品牌重点投入的环节，白色块表示品牌没有或很少投入的环节，灰色块表示品牌补充/次要投入的环节。

图7-8　营销差异化策略的资源布局与投放方式

全链路总 ROI 领先策略

全链路总 ROI 领先策略，是指品牌通过全域营销布局和整体综合提效，实现用户行为全链路各个环节的整体营销 ROI 高于竞争对手，甚至领先于整个行业。其实，这是消费品牌逐步走向强大、实现持续增长时必然出现的趋势和要采取的策略。一方面，平台和品类带来的红利都会在增长之后出现衰减，品牌必然会面临营销和投放的边际效益递减，只有通过全链路 ROI 的综合优化才能实现目标。另一方面，随着品牌人群和销售规模的扩大，品牌也需要不断拓展新的目标人群，任何单一平台和营销环节其实都局限了人群的体量和规模，因此必须在更大范围内进行营销出圈，实现更广泛的人群触达。

如图 7-9 所示，全链路总 ROI 领先策略，需要品牌在全链路上进行营销布局，针对各个环节的平台选择和资源分配进行科学评估、选择组合、及时追踪和持续优化。比如，同样在无绳吸尘器品类，行业领导品牌戴森采用的就是全链路总 ROI 领先策略。从认知、兴趣到购买、忠诚，戴森在用户行为链路的各个环节都进行了充分的营销布局。而从全域营销的角度看，各大主流社媒和电商平台、平台内的各种触点和形式，包括传统媒体和线下渠道，我们也都能看到戴森的资源投入。许多人会以为，全链路总 ROI 领先策略就是大品牌、不差钱的打法，实则不然。该策略确实需要企业具备领先的规模体量和营销资源，但并不是全媒体、全渠道、全覆盖的粗放式打法。相反，采取全链路总 ROI 领先策略，更需要企业具备数据化、精细化的运营能力，在每个环节、每个平台、每个触点都能做到即时反馈、及时优化，并打通整个链路和全域营销。只有这样，才能对营销投入的 ROI 既做到局部的深入分析，又实现整体的科学评估。同时，因为平台和链路布局更加全面，各环节和平台之间的流量外逃实现了更好的承接。

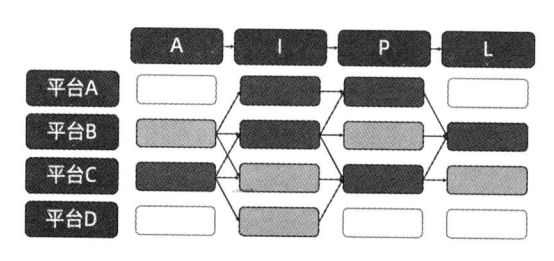

注：图中的黑色块表示品牌重点投入的环节，白色块表示品牌没有或很少投入的环节，灰色块表示品牌补充/次要投入的环节。

图7-9　全链路总ROI领先策略的资源布局与投放方式

对于以上这3种全链路投放的竞争策略，品牌可以根据自身的内外部条件和资源，进行分析和选择。一方面要看平台和品类发展阶段等外部条件，另一方面更要结合自身的发展阶段、人群定位和团队能力。同时，品牌的全链路投放竞争策略不是一成不变的，而是要在过程中不断进行检视，根据平台和品牌的发展和变化及时做出调整。

值得强调的是，这3种竞争策略是品牌在全链路营销投放中经常采用的核心思想，而非绝对化的行动准则。实际情况中的投放博弈，往往是以一种策略思想为主的多种投放方式组合。采用平台专一化或营销差异化策略的品牌，可以以一个平台或环节为核心，但也必须考虑其他平台和环节的必要防守及补充，才能有效应对平台间的流量外逃，做到全链路的流量承接。而采用全链路总ROI领先策略的品牌，是以全链路、跨平台的资源布局来进行整体评估，实现整体ROI的更高产出，但也需要在针对特定目标人群、重点产品和营销目的时，阶段性地聚焦于某个重点投入平台，或打造某个优势环节。

（2）竞争环境的全链路诊断

在实际的营销投放中，除了基于品牌、品类和发展阶段来选择合适的竞争策略之外，我们还要时时关注自己所处的竞争环境。品牌需要站在营销全链路的视角，分析自己和竞争对手在各个环节的资源投入和实力对比，进而依据自身的行业地位、资源能力和增长策略,进行有效的竞争博弈。

品牌可以从用户行为全链路的 A 认知、I 兴趣、P 购买和 L 忠诚这 4 个环节出发,进一步拆分出更细致的指标维度,分析行业主要竞争对手和本品牌在各个细分维度上的营销投入和成果对比。图 7-10 中的表格,列出了 A、I、P、L 4 个环节的 16 个细分指标维度,以及每个细分指标维度可以参考的数据与依据。品牌可根据这张表格的 16 维度指标,来分析自己和对手在各环节的营销投入,对自身所处的竞争环境做出全链路诊断,从而明确竞争现状、优化投入组合。

环节	指标维度	指标参考
A 认知	硬广曝光	传统广告投入、数字广告投入
	社媒曝光	社交平台达人投放费用
	站内品牌能见度	品牌在售店铺数、品牌在售商品数
	站内付费流量	品牌在电商平台的付费流量
I 兴趣	社交互动热度	社交平台UGC及互动热度
	品牌商品访问	品牌访问量、品牌词搜索次数
	品牌店铺黏性	粉丝数/访客数、微淘流量/粉丝数
	商品评价	评论数量、好评率
P 购买	商品吸引力	加购收藏数/访客数
	拉新能力	品牌新客购买人数/品牌买人数
	单客价值贡献	新客平均客单
	促销力度	大促GMV占比、直播流量占比、促销价波动
L 忠诚	会员占比	会员数/新老客总数
	老客复购率	复购率
	老客贡献	老客客单×复购频次（一定周期内总贡献）
	老客口碑推荐	老客社交口碑及推荐兴趣用户及新客的比率

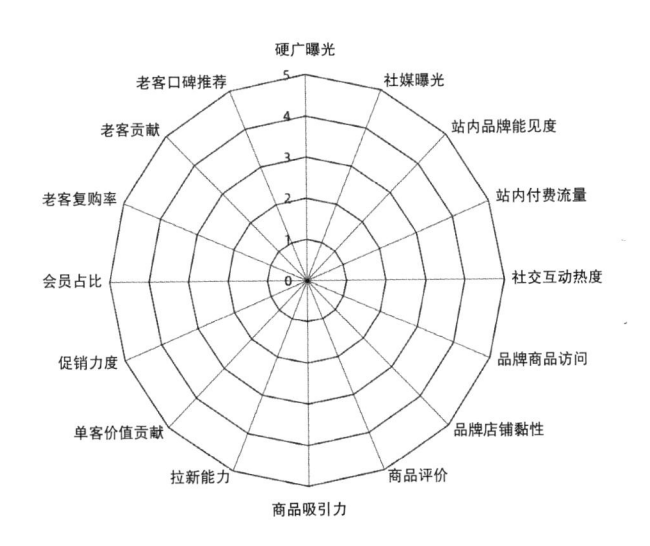

图7-10　品牌投放竞争环境的全链路16维度诊断

品牌可以参考以下几个步骤，对品牌全链路投放竞争环境进行诊断，并分析及制定相应的投放竞争策略。

- 首先，全链路各环节指标维度确定：品牌可以根据行业和品类的营销特征，对4个环节的指标维度做出相应调整。各个细分维度，可以参考图7-10中的表格中列出的指标参考数据，也可以根据实际情况拟定。
- 其次，数据监测收集及雷达图绘制：品牌很多时候无法获得本品和竞品16个维度的全部参考数据，因此可以在结合定量数据研究和定性情报搜集的基础上，做出指数化处理或进行主观打分。在获得各个指标维度的指数和打分后，可以将数据/分数绘制成如图7-10中的雷达图，以便更直观地看到各品牌间的竞争关系。

- 最后，我们根据全链路竞争的优劣势对比，进一步做出竞争分析和决策。结合品牌的全链路投放竞争策略，确定需要聚焦投入并建立优势的重点环节，以及相应的优化调整。

接下来，我们通过一个隐形眼镜行业的新锐品牌案例，来解析品牌投放竞争的全链路诊断方法与应用。

K品牌是一个面向18～24岁Z世代人群的隐形眼镜国货品牌，产品以"彩瞳"为核心，包括隐形眼镜护理液、润眼液、蒸汽眼罩等眼部时尚与健康相关护理及周边产品，满足顾客全方位的需求。K品牌的彩瞳产品，颜色与包装风格设计大胆，经常还与漫画IP联名进行营销推广，产品符合年轻人喜好。品牌倡导"彩瞳即底妆"的理念，引领彩瞳时尚潮流，让化妆前戴彩瞳成为消费者日常化的动作。

那么，作为隐形眼镜行业的后来者，该品牌在全链路投放中面对着怎样的竞争环境，又是如何进行竞争博弈的呢？我们通过相关公开数据，对K品牌及部分竞争品牌的全链路投放进行了分析诊断。

首先是全链路各环节指标维度确定。由于"L忠诚"环节的相关指标数据属于企业内部信息,无法通过公开渠道定量获取,本案例的诊断分析仅针对 A、I、P 这 3 个环节的 12 个维度,相关维度的指标构成如表 7-3 所示。

表7-3　K品牌投放竞争环境全链路诊断选取的12维度指标及数据构成

环节	指标	指标构成
A	硬广曝光	传统广告投入、数字广告投入
	社媒曝光	小红书笔记数量、小红书报备达人投放费用
	站内品牌能见度	品牌在售店铺数、品牌在售商品数
	站内付费流量(店铺)	品牌付费流量
I	社交互动热度(品牌)	小红书笔记互动总量
	品牌商品访问(品牌)	品牌访问量、品牌词搜索次数
	品牌店铺黏性(品牌)	粉丝数/访客数、微淘流量/粉丝数
	商品评价(店铺)	评论数量、好评率
P	商品吸引力(品牌)	加购数/访客数
	拉新能力(品牌)	品牌新客购买人数/品牌购买人数
	单客价值贡献(品牌)	平均客单、复购率
	促销力度(旗舰店)	大促GMV占比、直播流量占比、一定时间段促销力度

接着是数据监测收集及雷达图绘制。本次分析,我们选取了行业内的 3 个主要竞争品牌:B 品牌、H 品牌和 A 品牌。如图 7-11 所示,我们将各品牌全链路投放指标的 12 维数据绘制成雷达图,进行比较分析。根据品类营销特征及数据可获得性,我们对相关指标的数据构成也进行了部分调整,并最终将各指标分析数据进行了指数化处理。

最后是竞争分析与决策。

可以看到，B品牌在媒体传播上采用高曝光、大流量的策略，无论是传统媒体投放还是品牌商品访问，都是几个品牌中最高的。在线上渠道模式上，品牌采用站内广泛分销策略，站内品牌能见度也领先于其他对手。同时，B品牌在多分销的情况下，依然保持了价格稳定性，促销力度也不大。从以上几点分析来看，B品牌属于典型的传统领导品牌。而H品牌采取的则是大品牌、低价格的竞争策略。H品牌的媒体曝光也不低，社交媒体曝光甚至高于B品牌。同时通过购买站内付费流量和高促销、低价格的方式

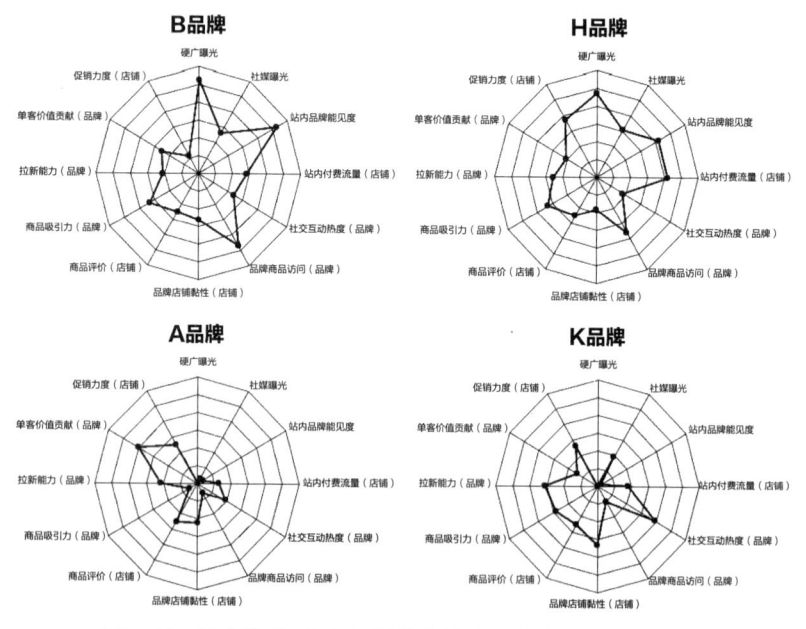

图7-11　K品牌及3个竞争投放全链路12维度投放竞争分析

实现了大量的拉新转化。A品牌则完全不同，该品牌的媒体曝光和分销程度都极低，但相比之下其社交热度、拉新能力和用户黏性却不低，单个客户的价值贡献更是远远高于其他品牌。可见，A品牌是典型的针对特定人群、实现精准转化的高端品牌。

作为新锐品牌，在面对这些行业主要竞争对手的情况下，K品牌是如何在全链路投放中进行竞争博弈的？如图7-11所示，K品牌在媒体传播上并未与两个大品牌直面竞争，而是聚焦社交媒体和内容营销，通过更高互动的社交内容为品牌带来流量。同时，通过人货匹配、产品打造和店铺运营，实现了较高的用户黏性和拉新转化。可见，K品牌在采用"营销差异化策略"的基础上，聚焦行业主要竞品的相对弱势环节——站外的社交种草及互动、站内的用户黏性与转化。通过这样的资源布局和投放策略，K品牌与行业主要竞品（尤其是大品牌）实现了有效的错位竞争。

当然，值得强调的是，K品牌采取的全链路资源布局和投放策略，不仅仅是竞争博弈的需要，更是增长策略的意志体现。K品牌之所以聚焦社交媒体、注重内容营销，不仅是因为其他行业对手在这些环节投入较少，更是由以人群和货品为核心的品牌增长策略所决定的。

对于品牌来说，应当从目标用户、品牌自身和竞争对手3个角度出发进行诊断，根据人群浓度、内容匹配和竞争强度的综合分析，找到适合自己的投放竞争策略，布局各个环节、平台和触点的营销投放手段。品牌营销投放，其实也是一场关于资源有效利用的投资策略游戏。品牌应当基于品类用户行为链路来设计营销模式和投资布局,并基于产品角色和品牌阶段来规划营销资源的投资组合。同时,品牌还需要从竞争思维的角度看待传播投放,基于自身现状选择竞争战略,更要基于增长策略来制定针对目标人群的投放策略。